Kochen unter freiem Himmel

Die besten Rezepte für den Campingkocher

Bassermann

Inhalt

Einfach genießen

Freude und Genuss sind für mich ganz leicht zu erlangen: Ich muss nur hinaus in die Natur und meinen Körper spüren. Gutes Essen gehört auch dazu – so einfach ist das.

Mit diesem Buch möchte ich zeigen, wie leicht es ist, mit einfachsten Mitteln – nur einer Flamme – gut zu kochen. Ich möchte zeigen, wie wunderbar es ist, sich sein Esszimmer in der Natur einzurichten, und ich möchte Sie an den Erfahrungen, die ich auf meinen Reisen gesammelt habe, teilhaben lassen.

Viele Jahre habe ich die Welt als Köchin auf Segeljachten bereist. Dort habe ich gelernt, dass die Größe einer Küche keine Rolle spielt – auch mit wenigen Mitteln kann man unglaublich lecker kochen. Wichtig für das Geschmackserlebnis sind allerdings hochwertige Zutaten, und erleichternd für die Zubereitung ist ein scharfes Messer.

Ich habe inzwischen einen Ehrgeiz darin entwickelt, internationale Gourmetgerichte ohne die Ausrüstung meiner gewohnten großen Restaurantküche und mit lange haltbaren Zutaten zuzubereiten.

Viele meiner intensivsten Erlebnisse und schönsten Erinnerungen sind mit körperlicher Anstrengung und einer anschließenden sehr einfachen, aber wahnsinnig leckeren Mahlzeit verbunden. Ich erinnere mich stets mit allen Sinnen: Wie es geschmeckt und geduftet hat, wie es aussah und wie ich mich dabei fühlte.

Da wäre zum Beispiel das Thunfischbrot mit Ei, das ich auf einer Wanderung im Himalaya nach einem ganztägigen Aufstieg auf verschlungenen Pfaden zubereitete. Oder der Hummus mit richtig viel Knoblauch, den mir ein libanesischer Bauer in der Bekaa-Ebene servierte, als ich bei ihm meine müden Knochen ausruhte. Und … mmmh … das Zitronen-Couscous mit frisch geräucherter Makrele auf einem sonnengewärmten Felsen während einer Kajaktour durch den äußeren Stockholmer Schärengarten.

Da mich körperliche Aktivität und gutes Essen so glücklich machen, verbringe ich viel Zeit an der frischen Luft. Ich bin so etwas wie ein moderner Waldmensch. Mein Rucksack, die Fahrradtasche oder das Kajak werden mit Delikatessen gefüllt, die meine verwöhnten Geschmacksnerven gutheißen, die mir guttun und die mich auch energetisch gut versorgen, und los geht's.

Beim Auspacken meiner Ausrüstung bin ich oft darüber erstaunt, wie wenig ich brauche, um glücklich und zufrieden zu sein. Ich möchte gern jedem zeigen, wie leicht es ist, mit einer extrem simplen Ausrüstung – nur einer Flamme –, den richtigen Zutaten und der richtigen Planung sowohl lecker als auch gesund zu kochen.

Bewegung entspannt und beruhigt den Körper, und die Natur schärft die Sinne. Erfüllt mit diesen Gefühlen und Stimmungen ist es leicht, im Hier und Jetzt zu leben und einfach nur zu genießen. Wer hat da schon Verlangen nach gefriergetrockneter Outdoor-Nahrung? Dafür ist das Leben einfach zu kurz.

Karin Ihre

Planung

Essen ist die Quelle für Leben, Freude und Schaffenskraft. Unsere Ernährung beeinflusst unser Wohlbefinden und unsere Leistungsfähigkeit. Wer seinen Körper aktiv beansprucht, muss ihn auch mit ausreichend Energie versorgen. Nur so können sich die Muskeln regenerieren und Kraft für den nächsten Tag tanken, und nur so bleibt der Blutzuckerspiegel ausgeglichen. Achten Sie daher auf eine ausgewogene Ernährung, die alle Lebensmittelgruppen abdeckt, und machen Sie einen Speiseplan für Ihre Reise.

Es lohnt sich, ebenso viel Energie für die Wahl des Essens wie für die Planung der Reise aufzuwenden. In der Natur schmeckt Essen so unglaublich gut. Ohnehin ist Outdoor für mich gleichbedeutend mit Genuss – mit dem Genuss von Natur, Bewegung und gutem Essen. Wenn das Zelt aufgebaut oder das Boot festgemacht ist, hat man alle Zeit der Welt, um sich selbst ein Festmahl zu kochen. Ich liebe es, mich mit all meinen Gerätschaften hinzuhocken und das Essen vorzubereiten. Die Vorbereitungen, die Sie vor der Reise treffen, zahlen sich unterwegs auf jeden Fall aus. Zudem können Sie während der Planung schon von Ihren Unternehmungen träumen!

Der Speiseplan

Gehen Sie bei der Erstellung eines Speiseplans erst einmal davon aus, dass alles möglich ist. Auf einem Campingkocher lässt sich fast alles zubereiten, man muss nur ein wenig erfinderisch sein – also lassen Sie sich bloß nicht einschränken! Ich setze mich immer bei einer Tasse Kaffee hin und denke an all die vielen Gerichte, die mir schmecken. Dann wähle ich das aus, was zu meinem Reiseziel und der Länge der Reise am besten passt. Planen Sie stets einen Extratag ein, denn schnell kann das Wetter umschlagen oder etwas passieren, das den Aufenthalt mehr oder weniger freiwillig verlängert.

Die Mahlzeiten

Ist unser Körper nicht fantastisch? Unser Herz schlägt ohne unser Zutun, und unsere Nieren reinigen das Blut, ohne dass wir sie dazu auffordern müssen. Die genauen Zusammenhänge in meinem Körper begreife ich zwar nur zu einem Bruchteil, doch ich bin sehr, sehr dankbar dafür, dass alles so reibungslos funktioniert. Ich habe jedoch festgestellt, dass mein Körper, je nachdem wie und was ich gegessen habe, unterschiedlich reagiert.

Damit der Körper im Gleichgewicht bleibt, sollte man häufig essen und nicht allzu große Portionen zu sich nehmen. Zu viel Essen macht träge, denn nach einem reichlichen Mahl sendet das Hormon Serotonin im Gehirn das Signal an den Körper: „Immer langsam!", damit für die Verdauung genügend Energie zur Verfügung steht. Essen Sie möglichst fünf Mahlzeiten täglich.

Als Frühstück eignet sich ein Teller Getreidegrütze mit Obst ganz wunderbar. Wenn Sie noch einen Esslöffel meiner Ballaststoffbombe unterrühren (siehe Seite 40), hält das Sättigungsgefühl viel länger an. Als Ergänzung empfehle ich Eier, Schinken oder Würste.

Wenn der Körper hart arbeitet, benötigt er Kohlenhydrate. Diese werden in langsam und schnell zu verwertende Kohlenhydrate unterschieden. Wer sich viel bewegt, muss beide Sorten von Kohlenhydraten zu sich nehmen. Die schnellen, wie zum Beispiel Haushaltszucker, setzen ihre Energie unmittelbar frei und sollten immer griffbereit sein, wenn die Kraft nachlässt. Langsam zu verwertende Kohlenhydrate hingegen, wie beispielsweise in Getreidegrütze, werden nicht so schnell vom Körper aufgespalten und sättigen so anhaltender.

In diesem Buch finden Sie Rezepte, die den Körper schnell mit Energie versorgen, aber dennoch lange satt machen. In meinem Studentenfutter (siehe Seite 131) stecken zum Beispiel sowohl schnelle Kohlenhydrate in Form von Rosinen und getrockneten Erdbeeren als auch langsame in Form von Nüssen und Samen.

Das Mittagessen sollte aus langsamen Kohlenhydraten, wie denen in Vollkornnudeln, Naturreis, Bohnen und Linsen, kombiniert mit Proteinen aus Fleisch, Fisch, Käse, Nüssen, Samen und Gemüse, bestehen.

Am Nachmittag können Sie sich eine Scheibe Vollkornbrot mit Käse, Pfannkuchen oder Nüsse gönnen. Bereiten Sie diese Zwischenmahlzeit schon in der Mittagspause vor, so sparen Sie Zeit.

Ein gutes Abendessen ist wichtig, um die Kraftreserven des Körpers wieder aufzufüllen und sich fit für den nächsten Tag zu machen. Man verbrennt auch nach einer körperlichen Betätigung und beim Schlafen viel Energie. Daher sollte man abends immer ausreichend essen. Sobald der Platz für das Nachtlager gefunden ist, nehmen Sie am besten direkt Kohlenhydrate in Form von getrockneten oder frischen Früchten und reichlich Wasser zu sich. Trinken Sie immer viel Wasser!

Das anschließende Abendessen sollte alles verbinden, was der Körper braucht: Proteine, langsam zu verwertende Kohlenhydrate und Fett. Verwöhnen Sie sich im Anschluss gerne mit einem Stückchen Käse, ein paar Nüssen oder sogar einem Schoko-Koko – einer Mousse aus Schokolade und Kokosmilch (siehe Seite 134). Tipp: Wird hier Kokosmilchpulver verwendet, sollte es schon am Tag zuvor angerührt werden.

Ein Tagesmenü:
- Dinkelriegel mit Kardamom und getrockneter Birne, Ei, Kaffee und ein großer Becher Vitamin-C-Brause
- Energieriegel und reichlich Wasser
- Muschelpasta und Wasser oder ein Fruchtsaftgetränk
- Sodabrot mit Pastete und eine Frucht oder getrocknete Aprikosen
- Pilaw mit Chorizo

Wenn ich mit meinem Freund Fredrik Kajak fahre, gönnen wir uns zum Abendessen immer einen Wein und beenden den Abend mit Kaffee, Zartbitterschokolade und einem Schluck braunem westindischem Rum.

Vor der Reise

Vor allem sollten die Zutaten möglichst hochwertig sein, dann kann fast nichts mehr schiefgehen. Heutzutage ist die Auswahl an guten Konserven oder eingelegten, marinierten Produkten groß. Die Menschen im Nahen Osten, in Asien oder im Baltikum sind übrigens noch viel besser darin, Speisen aus Zutaten zuzubereiten, die nicht im Kühlschrank aufbewahrt werden müssen, als wir hier in Nordeuropa. Dort gibt es zahlreiche getrocknete, geräucherte oder auf andere Weise konservierte Delikatessen.

Für Ihren Reiseproviant haben Sie die freie Wahl zwischen italienischen Spezialitäten wie Pesto, Artischockencreme, luftgetrocknetem Schinken und Käse, libanesischen Leckereien wie gefüllten Weinblättern und Pitabrot sowie Öl, Oliven und Gewürzen aus Griechenland, Würsten aus Polen oder asiatischen Nudeln und Currypasten. Wählen Sie Ihre Zutaten sorgfältig aus und kaufen Sie Gemüse, das noch nicht ganz reif ist. Es reift dann auf der Reise nach.

Mein Top-Tipp sind vakuumverpackte Fleisch- oder Fischwaren. Sie sind nicht nur viel länger haltbar, die Verpackung ist auch leicht formbar und damit besser zu verstauen. Wenn man nett fragt, sind die meisten Delikatessabteilungen in Warenhäusern oder Markthallen bereit, die Waren für Sie zu vakuumieren.

Frieren Sie Hähnchenbrustfilets, Fleischstücke und fertig gekochte Eintöpfe ein und nehmen Sie sie tiefgekühlt mit auf Reisen, so sind sie länger haltbar.

Durch Zeitungspapier, das man um die Verpackung wickelt, wird das Gefrorene isoliert und der Auftauprozess verlangsamt. Gleichzeitig wird die beim Auftauen entstehende Feuchtigkeit aufgesogen. Überlegen Sie genau, wie viel Essen Sie wirklich brauchen, damit Sie keinen unnötigen Ballast mit sich herumschleppen. Füllen Sie Lebensmittel, die in Kartons oder Gläsern abgepackt sind, in Plastikbeutel oder dicht verschließbare Plastikbehälter um. Gleiches gilt für Dosensuppen, insbesondere, wenn Ihr Gepäck möglichst leicht sein soll und Sie nicht sicher sind, ob Sie die Dose vor Ort entsorgen können. Bereiten Sie Dressings im Voraus zu und füllen Sie sie in Kunststofffläschchen. Vor der Verwendung einfach schütteln.

Eine gute Idee ist es auch, die trockenen Zutaten für Brot- oder Kuchenrezepte bereits im Vorfeld in reißfesten Gefrierbeuteln zu mischen. Schreiben Sie auf ein Stück Kreppband, um welche Mischung es sich handelt und was in welchen Mengen noch hinzugefügt werden muss, und kleben Sie es an den Beutel.

Nehmen Sie auch immer eine Rolle Gefriertüten mit, um Zutaten umzufüllen und Reste aufzubewahren. Dann haben Sie auch gleich Abfallbeutel für unterwegs.

Kochutensilien und Brennstoff

Die Kochausrüstung

Eigentlich braucht man nicht viel. Oft wundere ich mich darüber, wie viele Gerätschaften ich eingepackt habe und wie wenige ich davon dann eigentlich benutze. Klar, ein scharfes Messer muss sein, denn es erleichtert die Zubereitung, und beschichtete Töpfe sind im Anschluss leichter zu reinigen.

Zu meiner Kochausrüstung gehören ein, zwei Töpfe, eine Pfanne, Deckel, eine Kaffeekanne, eine Greifzange, ein Kocher, Brennstoff, Windschutz, Anzünder/Feuerzeug, Messer, ein kleiner Quirl und ein großer Löffel zum Umrühren. Ein Kunststoffschneidebrett sollte auch nicht fehlen.

Die Anwendung des Kochers

Essen auf einem Kocher zuzubereiten ist kinderleicht. Zu Beginn wirken die vielen Einzelteile und der Brennstoff vielleicht etwas kompliziert, doch alles ist halb so wild.

Um die Hitze bestmöglich auszunutzen, ist es wichtig, den Kocher windgeschützt aufzubauen und noch zusätzlich einen Windschutz anzubringen, mit dem man die Hitze direkt zum Topf hochleiten kann. Am effektivsten ist es, den Kocher mit einer speziellen Aluminiumvorrichtung, die es in Outdoor-Läden zu kaufen gibt, auch von unten zu schützen. Zudem lässt sich Energie sparen, wenn man Reis und Gemüse auf dem Brenner vorkocht, dann beiseitestellt und in der Restwärme zu Ende gart. Länger heiß bleiben die Töpfe, wenn man sie in Zeitungspapier oder ein Handtuch einwickelt.

Bereiten Sie alle Zutaten vor und legen Sie sämtliche notwendigen Utensilien bereit, bevor Sie den Kocher entzünden. Wenn Sie zum Beispiel Reis mit Gemüse zubereiten möchten, sollten Sie zunächst den Reis abgedeckt kochen und auf dem Deckel des Reistopfs den Topf mit dem Gemüse platzieren. So wird dieser schon vorgewärmt. Im Sommer kann man den Reis bereits nach der Hälfte der Kochzeit vom Feuer nehmen und dann abgedeckt ausquellen lassen.

Die Brennstoffarten

Es gibt verschiedenste Kocher und unterschiedliche Brennstoffe, die allesamt ihre Vor- und Nachteile haben. Wählen Sie danach aus, in welcher Landschaft das Essen zubereitet werden soll, welche Temperaturen dort herrschen, für wie viele Personen gekocht werden soll, wie viel Platz im Gepäck zur Verfügung steht und welche Länder bereist werden sollen.

Inzwischen gibt es auch sogenannte Mehrstoffkocher, in denen verschiedene Brennstoffe eingesetzt werden können. Das ist von Vorteil, da man nicht unbedingt in jedem Land den passenden Brennstoff bekommt, wie man es wünscht. Die meisten Kocher laufen mit Spiritus oder Gas. Einen höheren Brenn- und Energiewert besitzen Benzin und Petroleum. Ich verwende Benzin, da man es überall bekommt und es einen hohen Brennwert hat.

Brennstoff muss immer sicher verwahrt werden. Den Behälter am besten noch in einem dicht schließenden Beutel verpacken, damit im Falle eines Lecks nichts ins Gepäck ausläuft.

Spiritus

Billig und gut erhältlich. Leider rußt Spiritus stark, und der Kocher muss deshalb häufig gewartet werden. Minimiert werden kann die Rußentwicklung durch die Beimischung von maximal zehn Prozent Wasser, was allerdings die Heizkraft vermindert. Daher empfehle ich, bei kalter Witterung vom Verdünnen abzusehen. In einer Woche verbraucht eine Person etwa einen Liter Spiritus.

Gas

Der unkomplizierteste Brennstoff, denn die Kartusche wird direkt an den Kocher angeschraubt. Gas verbrennt sauber und auch in großen Höhen. Nachteilig ist, dass es nicht überall erhältlich ist und der Heizwert bei Kälte schnell nachlässt. Häufig ist es auch schwer zu beurteilen, wie viel Gas sich noch in der Flasche befindet. Pro Person benötigt man ungefähr 450 Gramm Gas in der Woche.

Benzin

Gibt's überall und ist relativ billig. Verwenden Sie Reinbenzin oder bleifreies Benzin. Vor dem Betrieb muss man zunächst den Druck in der Flasche mit einer Pumpe erhöhen und dann den Kocher vorheizen. Man braucht pro Person nur etwa 0,75 Liter in der Woche.

Petroleum

Wird ähnlich wie Benzin verwendet, ist gut erhältlich und preisgünstig. Der Nachteil ist, dass es beim Anzünden unangenehm riecht und generell stark rußt. Allerdings ist es mit etwa 0,6 Liter pro Person pro Woche äußerst ergiebig.

Backen auf einer Flamme

Mit dem Backen beginne ich schon zu Hause und mische dort alle trockenen Zutaten in einem Plastikbeutel. Dieser muss groß genug sein, um die Flüssigkeit fassen zu können, die dann vor Ort hinzufügt wird, und um den Teig darin kneten zu können. Ein Fünf-Liter-Gefrierbeutel ist ausreichend groß und auch reißfest genug.

Beschriften Sie den Beutel, damit Sie wissen, welche Brotmischung sich in ihm verbirgt und wie viel Wasser Sie noch hinzufügen müssen. Ich verwende dafür immer Kreppband. Geben Sie dann nach und nach das Wasser in den Beutel und verkneten Sie die Zutaten zu einem Teig.

Bei Zutaten, die in eher kleinen Mengen hinzugefügt werden, habe ich daher neben der Grammangabe noch eine Esslöffelangabe ergänzt (gilt auch für Kochrezepte). Falls Sie also die trockenen Brotzutaten nicht zu Hause, sondern vor Ort abmessen möchten, reicht dafür ein Esslöffel im Gepäck. Tipp: Teilweise sind Verpackungen mit einem Eichstrich versehen, mit dem man Mengen leicht abschätzen kann.

Eine beschichtete Pfanne oder ein beschichteter Topf mit Deckel sind beim Outdoor-Kochen ein toller Ofenersatz. Durch die Beschichtung haftet das Brot nicht an. Bei Edelstahl oder Aluminium muss noch Butter oder Öl hinzugefügt werden. Erwärmen Sie die Pfanne bei mittlerer Hitze, geben Sie das Brot hinein, reduzieren Sie auf geringe Hitze und setzen Sie den Deckel auf. Das Brot so lange backen, bis die Unterseite goldbraun geworden ist, dann wenden. Das beste Resultat erzielen Sie, wenn Sie das Brot nur einmal wenden. Je flacher der Fladen, desto schneller ist das Brot fertig.

Brotteig kann man unendlich variieren – lassen Sie der Fantasie freien Lauf. Die Frühstücksbrötchen von Seite 118 lassen sich beispielsweise folgendermaßen abwandeln: Das Wasser durch Brühe ersetzen und statt Brotgewürz ganze Kreuzkümmelsamen, Fenchelsamen, Oregano, Thymian, Anis oder Rosmarin verwenden. Die Landbrotmischung kann durch Dinkelmehl, Grahammehl oder Weizenmehl ausgetauscht werden. Und die Sonnenblumenkerne und Leinsamen durch Rosinen, getrocknete Aprikosen, Hasel- oder Walnüsse.

Noch sättigender wird das Brot, wenn Sie zusätzlich 50 g Feta, 10 halbierte und entsteinte Oliven und 5 zerkleinerte getrocknete Tomaten unter den Teig rühren.

Kuchen wird auf dieselbe Art zubereitet. Wer noch ein wenig dekorieren möchte, kann sie mithilfe eines Teesiebs mit Puderzucker bestäuben oder mit einer Creme bestreichen. Zum Beispiel mit Nussnugatcreme, Erdnussbutter, Sahne oder einer Mischung aus 2 Esslöffeln Frischkäse, 2 Esslöffeln Puderzucker und 1 Esslöffel Zitronensaft oder Ihrem Lieblingslikör.

Sahne ohne Quirl schlagen

Es lebe die Schüttelsahne! Man fülle einen dicht schließenden Behälter zur Hälfte mit Sahne und schüttele ihn kräftig. Zwischendurch in den Behälter linsen, damit die Sahne nicht zu Butter wird.

Abwasch

Natürlich kann man Geschirr auch sauber lecken, dies aber bitte nur, wenn man allein reist. Bei Ei- oder Speckresten in der Pfanne wird es allerdings schwierig …

Nein, aber mal im Ernst: Nehmen Sie eine Plastikflasche mit Spülmittel (man braucht weniger als 2 Esslöffel Spüli pro Person in der Woche), einen kleinen Spülschwamm und eine abgeschnittene Spülbürste mit, falls beim Kochen mal etwas anbrennt. Ich fange beispielsweise das heiße Wasser vom Nudelkochen in einer Thermoskanne auf und weiche die Töpfe darin direkt nach der Verwendung ein. Damit kein feuchtes Geschirr in den Rucksack gepackt werden muss, sollte man ein dünnes Küchenhandtuch mitnehmen. Geschirr mit steifen Fingern in eiskaltem Wasser zu spülen, ist übrigens nicht sonderlich angenehm – davon kann ich ein Lied singen. Ich stecke daher immer ein paar wasserdichte Handschuhe ein, wenn ich bei Kälte unterwegs bin. Das macht eine Menge aus. Sogar normale Gummihandschuhe bringen schon etwas.

Meine Würzmittel

Zimt
Meersalzflocken
Hühnerbrühe
getrocknete rote Chili
getrockneter Oregano
meine Ballaststoffbombe (siehe Seite 40)
brauner Zucker
Salz und schwarzer Pfeffer
Olivenöl
Knoblauch

Zum Knoblauchreiben ist die sogenannte Garlic Card sehr praktisch, da sie sehr klein und leicht ist. Die kleinen Plastikfläschchen für Dressings oder Olivenöl kaufe ich immer in London, doch sie sind auch in gut sortieren Lebensmittelgeschäften, Drogerien oder im Internet erhältlich.

PRIMUS

Jedes Mal, wenn ich mich auf eine Outdoor-Reise begebe, glaube ich fest daran, dass ich dort wichtige Erkenntnisse über mich, den Sinn des Lebens und Ähnliches gewinnen werde. Stattdessen denke ich ständig ans Essen und rede dauernd davon, was wir kochen werden, wie lecker bestimmte Dinge waren und was ich am liebsten mag.

Diese Gedanken, seien sie leise gedacht oder laut ausgesprochen, kreisen um das Wichtigste im Leben: Essen und Gesundheit.

Dabei spielt es keine große Rolle, ob ich gerade mit einem amerikanischen Botschafter segele, mit meinem besten Freund Kajak fahre oder mit neu gewonnenen Freunden im Himalaya wandere. Stets wird darüber geredet, was wir kochen wollen, was wir gegessen haben und worauf wir am meisten Lust haben – und natürlich auch über unsere Blasen an den Füßen, unseren Muskelkater oder irgendein Bauchgrimmen.

Kochen ist eine Kunst, und Sie sind der Künstler. Vieles geht nach Gefühl oder Geschmack – sehen Sie meine Mengen- und Zeitangaben daher als grobe Richtschnur, als Empfehlung an. Setzen Sie beim Kochen alle Sinne ein. Riechen Sie an den Zutaten, befühlen Sie sie und prüfen Sie sie genau.

In der Küche sollten wir uns von den Sinnen und den Zutaten leiten lassen, nicht von Maß- und Zeitangaben. Dies trifft besonders für die Outdoor-Küche zu, wo die Garzeit abhängig davon ist, welchen Brennstoff Sie verwenden, auf welcher Höhe Sie sich befinden und wie windig es ist.

Am einfachsten ist es, die Zutaten schon zu Hause abzuwiegen und dann die Utensilien und Zutaten einzupacken, die Sie für die restliche Zubereitung benötigen.

Dann heißt es nur noch: essen, genießen und sich verwöhnen (lassen)!

Getränke

Der Körper besteht zu 60–80 Prozent aus Wasser, und schon ein leichtes Dehydrieren hat erheblichen Einfluss auf die Leistungskraft. Die Faustregel lautet, trinken Sie 1½–2 Liter Wasser täglich. Trinken Sie häufig und in kleinen Mengen, nicht selten und in großen Mengen. Im Winter sollten Getränke lauwarm sein, damit der Körper keine unnötige Energie für das Aufwärmen des Getränks aufwenden muss. Trinken Sie hauptsächlich Wasser. Dieses können Sie verschiedenenartig aromatisieren, indem Sie in dünne Scheiben geschnittene Äpfel, Zitronen, Limetten, Ingwerwurzel oder frische schwarze Johannisbeerblätter, Zitronenmelisse oder Minze mit in die Wasserflasche füllen. Weitere empfehlenswerte Outdoor-Getränke sind isotonische Getränke, Apfelschorle, Fruchtsäfte, Fruchtsaftgetränke, heiße Brühe und Kräutertee.

Tee

Nehmen Sie Tee mit! Er wiegt fast nichts und ist in vielen Varianten im Handel. Roter (Pu-Erh-Tee) und grüner Tee sind ratsam, da sie viele Antioxidantien enthalten. Rooibos-Tee, der aus Südafrika stammt und aus den Blättern und Triebspitzen des Rotbusches hergestellt wird, enthält kein Koffein. Als Teesorten empfehle ich Grüntee Orange, Rooibos Rhabarber, Vanille oder Sahne, Pfefferminztee und Kamillentee.

Kaffee

Ich liebe Kaffee. Es gibt so viele Kaffeepausen, an die ich mich mit Liebe erinnere. Am besten schmeckt der Kaffee, der einem den Tag rettet – zum Beispiel, wenn es beim Segeln stürmt, der Regen von der Seite statt von oben kommt, der Trockenanzug langsam wasserdurchlässig wird und meine Wacht auf dem Segelboot noch zwei Stunden dauert. Nur eine Tasse Kaffee kann mich dann wieder aufheitern. Kaffee bringt mich zurück in die Wirklichkeit und macht mir klar, dass das Leben trotz allem schön ist. So schöpfe ich Mut und wende dem Regen den Rücken zu.

Kaffee lässt sich auf dem Campingkocher sehr einfach und auf verschiedene Arten zubereiten. Zum Beispiel kann man eine kleine Espressokanne oder eine Ministempelkanne verwenden. Die einfachste und praktischste Art, beim Campen Kaffee zu kochen, ist aber der skandinavische Kochkaffee. Der schmeckt großartig, ist schnell gemacht, es gibt wenig zu spülen und man benötigt auch wenig Brennstoff.

So bereitet man Kochkaffee zu: Grob gemahlenen Kaffee nach Packungsanweisung dosieren und mit kaltem Wasser in die Kaffeekanne geben. Einmal aufkochen und leicht umrühren, sobald das Wasser heiß ist. Nicht lange kochen, sonst wird der Kaffee bitter. Die Kanne ein paar Minuten beiseitestellen, damit das Kaffeepulver absinken kann. Dann vorsichtig einschenken – der Kaffeesatz soll ja in der Kanne bleiben.

Fruchtsuppen mit Pfiff

Fruchtsuppen in Pulverform können mit ein wenig frischem Obst ganz einfach aufgepeppt werden. Sättigender wird's, wenn Sie zwei Scheiben Knäckebrot mit in die Suppe bröseln und einen Löffel Sahne hinzufügen.

Himbeersuppe mit Orange
Für 2 Personen

Eine geniale Kombi!

1 Orange
1 Beutel Himbeerkaltschale

Die Orange schälen und in Stücke schneiden. Suppenpulver mit ½ Liter Wasser verquirlen, die Orangenstücke hineingeben, aufkochen und in Tassen servieren. ◁

Pfirsichsuppe mit Apfel & Zimt
Für 2 Personen

Apfel, Zimt und Pfirsich schmecken einfach wunderbar!

1 Apfel
1 Beutel Pfirsich-Maracuja-Kaltschale
½ TL Zimt (oder ½ Zimtstange)

Den Apfel dünn schälen. Kaltschalenpulver mit ½ Liter Wasser verquirlen und erhitzen. Den Apfel hinzufügen und alles aufkochen. Mit etwas Zimt in Tassen servieren. Alternativ die Kaltschale zubereiten und mit einer halben Zimtstange (für ½ Liter Suppe) in eine Thermoskanne füllen. Nach ein paar Stunden schmeckt und duftet es ganz wundervoll nach Zimt und Pfirsich. Richtig lecker ist auch ein kleiner Schuss Vanillewodka in der Pfirsichsuppe – besonders im Winter. ▷

Ingwer-Muskovado-Tee
Für 1 Person

Ingwer belebt und harmoniert wunderbar mit Muskovado-Zucker, der leicht nach Lakritz schmeckt. In den Abendstunden schmeckt der Tee auch gut mit einem Schuss braunem Rum. Muskovado-Zucker ist in gut sortierten Lebensmittelgeschäften erhältlich.

3 Scheiben frische Ingwerwurzel
2 TL Muskovado-Zucker
(3 cl brauner Rum)

200 ml Wasser zum Kochen bringen, dann Ingwer und Zucker zugeben. Ziehen lassen und abkühlen lassen. ▷

Schokokaffee
Ergibt 1 Tasse

Heiße Schokolade in allen Ehren, doch nichts geht über Schokokaffee!

1 Tasse frisch aufgebrühter Kaffee
30 g (3 Stücke) Zartbitterschokolade
mit 70 % Kakaoanteil

Den Kaffee kochen, in eine Tasse gießen und die Schokolade darin unter Rühren schmelzen. Nach Belieben mit Milch verfeinern.

IKNALLENS TOP
JÖSTUGAN 6 K
GBROTTSJÖSTU
UNDBERGET FJÄ
KEN FJÄLLET 1

Ballaststoffbombe

Diese nützliche Verdauungshilfe habe ich immer im Gepäck. Zu Hause verwende ich sie in Frühstücksgrützen, beim Brotbacken und in Schwedenmilch. Die Mischung unterstützt nicht nur die Darmtätigkeit und beschleunigt den Verdauungsprozess, auch das Sättigungsgefühl hält länger an.

40 g grobflockige Weizenkleie (oder schwedische Kruskakli)
40 g Weizenkleie
70 g Leinsamen
30 g Flohsamen

Alle Zutaten mischen. Zu jeder Portion Grütze 2 Teelöffel der Ballaststoffbombe geben.

Knäcke mit Ei und Kaviarcreme

Hier ein schwedischer Klassiker für echte Schwedenfans! All seine Zutaten, nämlich Ei, Kaviarcreme aus der Tube und Knäckebrot, sind lange haltbar und daher perfekt zum Zelten. Kaufen Sie mit Dill oder Zwiebel aromatisiertes Knäckebrot und bewahren Sie es in einem Plastikbeutel auf, damit es auf der Reise nicht feucht wird.

Frische Eier halten sich bei Zimmertemperatur mehrere Wochen. Wie frisch sie sind, können Sie mittels eines Wassertests herausfinden: Bleiben die Eier im Wasser am Boden, sind sie frisch, stehen sie aufrecht, sollten sie bald gegessen werden. Oben schwimmende Eier entsorgen! ▷

Dinkelgrütze mit Kardamom & getrockneter Birne

Für 1 Person

Kardamom und Birne steuern sommerliche Frische bei.

120 g Dinkelflocken
½ TL Salz
3 grüne Kardamomkapseln (oder 1 TL gemahlener Kardamom)
getrocknete Birnenhälften, in 3 Scheiben geschnitten

Alle Zutaten mit 300 ml Wasser in einem Topf aufkochen.

Die Hitze reduzieren und unter Rühren 3 Minuten sanft köcheln, bis die Grütze eindickt. Die Kardamomkapseln vor dem Servieren entfernen. ◁

Hafergrütze mit Trockenfrüchten

Für 1 Person

Für diese Grütze sind alle Trockenfrüchte geeignet.

100 g Haferflocken
½ TL Salz
1 EL Sultaninen
1 EL getrocknete Bananenchips
1 EL getrocknete Aprikosen, gehackt
½ EL getrocknete Cranberrys
½ EL Kokoschips
1 EL Ballaststoffbombe (siehe oben)

Alle Zutaten mit 300 ml Wasser in einem Topf aufkochen. Die Hitze reduzieren, ab und zu umrühren und etwa 3 Minuten sanft köcheln lassen, bis die Grütze eindickt. ▷

Roggen-Hafer-Grütze mit Früchten

Für 1 Person

Die Natur hat so viel zu bieten: wilde Himbeeren, wilde Erdbeeren, Blaubeeren und Brombeeren. Ich persönlich liebe Bananen über alles, besonders in einer warmen Grütze und mit säuerlichen Beeren kombiniert, sind sie wunderbar.

Die etwas festeren Roggenflocken machen die Grütze kompakter und sättigender.

50 g Roggenflocken
40 g zarte Haferflocken
½ TL Salz
1 EL Ballaststoffbombe (siehe Rezept Seite 40)
½–1 Banane, in Scheiben
60 g frische Himbeeren (oder andere Beeren)

Roggen-, Haferflocken, Salz und Ballaststoffbombe mit 300 ml Wasser in einen Topf geben. Die Banane hineingeben und alles aufkochen. Die Hitze reduzieren, ab und zu umrühren und etwa 3 Minuten sanft köcheln lassen, bis die Grütze eindickt.

Die Himbeeren hinzufügen und umrühren. ◁

Müsli

Ergibt 800 g

Für mich ist Müsli mit Joghurt das beste Frühstück der Welt. Besonders lecker finde ich den griechischen Joghurt mit 10% Fett. Dieses Müsli hat wegen der vielen Kerne und Nüsse richtig viel Biss. Bei Nüssen mag ich Wal- und Haselnüsse am liebsten. Hanfsamen sind übrigens in Reformhäusern oder Bioläden erhältlich.

50 g Leinsamen
70 g Sonnenblumenkerne
70 g Kürbiskerne
50 g Hanfsamen
70 g gehackte Haselnüsse
150 g Roggenflocken
50 g Weizenkleie
50 g Weizenkeime
50 ml Rapsöl
150 g getrocknete Aprikosen, gehackt

Den Backofen auf 200 °C vorheizen. Leinsamen, Sonnenblumen- und Kürbiskerne sowie Hanfsamen, Haselnüsse, Roggenflocken, Weizenkleie und Weizenkeime in eine Schüssel geben. Das Öl mit 3 Esslöffeln Wasser verquirlen und in die Schüssel träufeln. Alles gut vermengen.

Auf einem Backblech verteilen und 15 Minuten im vorgeheizten Ofen rösten. Gelegentlich umrühren. Das Müsli abkühlen lassen. Die Aprikosen hacken und untermengen.

In einem verschließbaren Glas aufbewahren. ◁

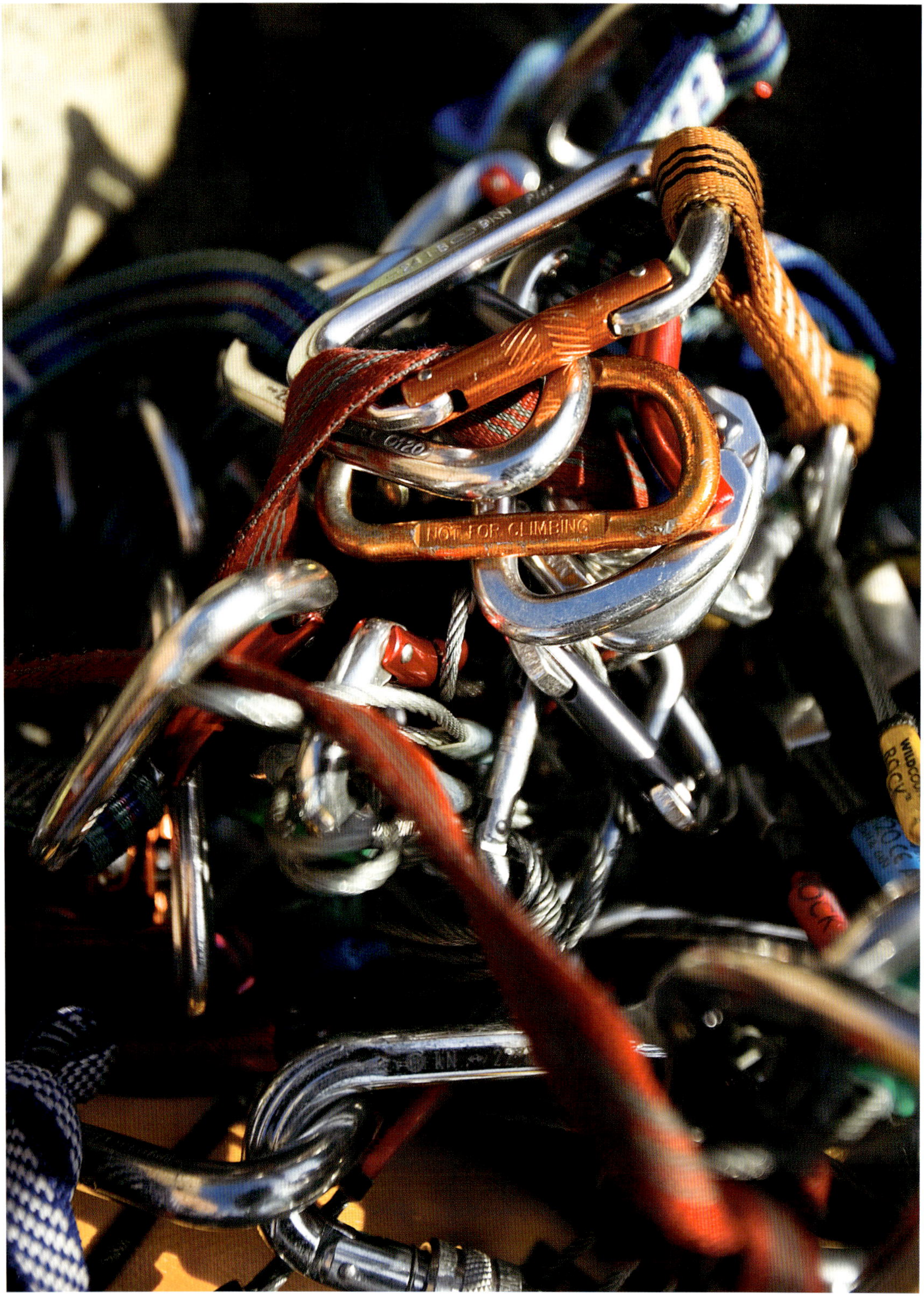
NOT FOR CLIMBING

Tütenomelett mit Speck
Für 1 Person

Dieses klassische englische Frühstück ist ein toller Start in einen aktiven Tag. Super einfach und ohne die lästigen Eireste im Topf, die so schwer zu entfernen sind!

2 Eier
½ Packung Frühstücksspeck
Salz

Die Eier in einen Plastikbeutel aufschlagen, etwas Salz hinzufügen und den Beutel gut zuknoten. Nun sämtliche Luft herausdrücken. Das Eigelb durch Drücken oder Schütteln öffnen.

Den Beutel 6 Minuten in kochendes Wasser geben. Die Tüte betasten, um festzustellen, ob die Eier gar sind. Sie sollten sich fest anfühlen. Unterdessen den Speck knusprig braten. Das Omelett bleibt im Beutel eine Weile warm. Die Tüte aufschneiden und das Omelett servieren. ◁

Belegtes Brot mit Leberpastete & Gurke
Für 1 Person

Im Sommer 2006 reiste ich auf einem der schnellsten Segelboote der Welt, einem 60-Fuß-Trimaran mit Segeln von mehr als 500 Quadratmetern und einer Höchstgeschwindigkeit von 42 Knoten. Die Essenszubereitung an Bord eines derart schnellen Bootes ist eine echte Herausforderung. Ideal ist da Leberwurst, die viel Protein enthält und ruck, zuck aufs Brot geschmiert ist.

Auch Entenleberpastete schmeckt wunderbar. Eine dicke Scheibe davon auf einem Vollkornbrot tut wahre Wunder.

2 dicke Scheiben Vollkornbrot
70 g Leberpastete oder Leberwurst
Gewürzgurke, in Scheiben

Die Brotscheiben dick mit Leberpastete belegen und mit einer Gurkenscheibe garnieren – fertig!

Auf einem Segeltörn von Kiel nach Stockholm an Bord des Trimarans „Nokia Academy" wünschte ich mir einmal genau diesen Leckerbissen von meinem Mitreisenden Frank.

Es regnete, und daher verschwand er tatsächlich in der Kombüse und kam mit zwei herrlichen Leberwurstbroten zurück. Zu meiner Verwunderung hatte er sie mit rotem Maränenkaviar garniert. Aber Gurke oder Salat schmecken mir besser.

Da auf einem Trimaran zwischen den Rümpfen Netze gespannt sind, flutschte der Kaviar heimlich zurück ins Meer. Ups! ▷

Thunfischbrot

Für 2 Personen

Dosenthunfisch gibt es auf der ganzen Welt! Dosen sind praktisch, und der Inhalt steckt voller Energie. Nach einer Woche Wandern im Himalaya mit dortigen Lebensmitteln wie „Dal Baht“ oder Yakfleisch stießen wir auf ein kleines Lädchen, in dem Proviant verkauft wurde.

Dort gab es alle Zutaten für ein fantastisches Thunfischbrot, das sich regelrecht in meine Erinnerung eingebrannt hat!

Dieses Rezept habe ich mit ein paar zusätzlichen Zutaten noch ein wenig veredelt.

1 Ei
½ rote Zwiebel
1 Dose Thunfisch im eigenen Saft
1 EL Olivenöl
6 grüne Oliven
1 ½ TL Zitronensaft (oder Weißweinessig)
Meersalzflocken
schwarzer Pfeffer

Das Ei hart kochen. Die Zwiebel fein hacken und den Thunfisch abgießen. Zwiebel, Thunfisch, Olivenöl, Oliven und Zitronensaft mischen und mit Salz und Pfeffer abschmecken. Das Ei in Spalten schneiden und alles auf einer Scheibe Vollkornbrot anrichten.

Gern auch mit einer Tomate servieren. Zu Vollkorn- oder anderen Nudeln passt die Mischung ebenfalls gut. ▷

Tipp:

Für Grütze und Müsli

Wenn man keine Kühlmöglichkeit hat, kippen Milchprodukte im Sommer schnell um. Empfehlenswert ist in diesem Fall H-Milch. Sic schmeckt ein wenig anders, doch dies fällt im Kaffee oder in einer leckeren Grütze mit ein wenig Zimt gar nicht auf. Joghurt hält sich länger als Milch, insbesondere der etwas fettere griechische oder türkische Joghurt.

Ich nehme meistens Getreidemilch mit, die ungeöffnet nicht gekühlt werden muss und sich auch geöffnet bei heißem Wetter ein paar Tage lang hält.

In Zeitungspapier eingeschlagen bleibt die Packung länger kühl.

Wenn ich in einem Kajak sitze, umgeben von spiegelglattem Wasser, fühle ich mich immer wie ein Wasserläufer, der mit seinen langen Beinen auf der Oberflächenspannung dahingleitet. Paddeln ist für mich wie Schweben – das Paddel taucht mit derselben Leichtigkeit ins Wasser ein wie ein Messer in weiche Butter.

Das Tolle am Kajakfahren sind zum einen die Nähe zur Natur und zum anderen der Kontakt mit Tang, Felsen, Fischen und Vögeln. Die Stille kann fast ohrenbetäubend sein.

Der vor Norrtälje gelegene Söderarmer Schärengarten ist voller kleiner Inseln. Einmal bin ich eine Juliwoche frisch verliebt durch die äußeren Schären gepaddelt. Diese Reise wurde aus verschiedenen Gründen ein besonders schönes Erlebnis. Das Wasser war vier Tage lang ganz still, und die Sonne schien, während wir zwischen den Inseln „cruisten".

Trotz des perfekten Paddelwetters waren wir im Schärengarten fast allein. Problemlos fanden wir einsame Inseln, wo wir unser Zelt aufschlagen konnten. Es war ein herrliches Gefühl von Freiheit, meilenweit über den Horizont blicken zu können und sich einfach nackt auf einem sonnenwarmen Felsen auszustrecken.

Die Kajaks hatten wir mit Sommerleckereien prall gefüllt: neuen Kartoffeln, Erdbeeren, Spargel, frischen Erbsen, frischen Kräutern, Lamm, Räucherfisch, leckeren Würstchen, Wein, Schokolade und natürlich westindischem Rum.

Eine Herausforderung vor jedem Outdoor-Urlaub stellt das Packen dar. Wenn der Wetterbericht nicht hält, was er verspricht, muss man vorbereitet sein, sprich Ausrüstung für schlechtes Wetter an Bord haben.

In dieser Woche im Juli waren wir rasch vorangekommen. Es war der zweitletzte Urlaubstag, und unser Zeltplatz lag entsprechend weit vom Auto entfernt. Naiverweise hatten wir uns nicht um den Seewetterbericht gekümmert, schließlich war es ein ruhiger, sonniger Tag gewesen.

In der Nacht wurde ich gegen vier Uhr morgens vom Schlagen der Zeltwand an meine Wange, dem Klatschen der Wellen gegen die Felsen und dem lauten Pfeifen des Windes aus dem Schlaf gerissen. Ich sprang auf, rettete alles, was wir in der Nacht zuvor im Rotweinrausch achtlos auf den Felsen hatten liegen lassen, und zog die Kajaks weiter an Land. Mit einem Mal wurde mir klar, dass wir bis zum Auto noch etwa 20 Minuten gegen Wind und Wellen anzukämpfen hatten.

Mit klopfendem Herzen kroch ich zurück ins Zelt, wo mein Liebster noch tief und ruhig schlief. Ich lauschte dem Wetterbericht und spürte, wie mir Unruhe und Anspannung in die Glieder fuhren. Dann weckte ich meinen Schatz und erklärte ihm alles: „Wir müssen weg. SOFORT!"

Er antwortete gelassen: „Ich brauch noch etwas Schlaf ..."

Ja, wir ergänzen uns! Wenige Stunden später, nach einem guten Frühstück, spannten wir die Muskeln an und paddelten zurück. Wir kamen durchweicht von Schweiß und Wellen, aber gut gelaunt an. Schließlich hatten wir einen Urlaub erlebt, der einfach alles enthalten hatte.

LIGHT MY FIRE
LIGHT MY FIRE

Muschelrisotto

Für 2 Personen

Das hier ist meine Campingversion von einem Muschelrisotto. Geben Sie den Muschelsud mit in den Risotto, das gibt einen volleren Geschmack.

Für einen cremigeren Risotto noch 100 g Crème fraîche und 30 g geriebenen Parmesan hinzufügen.

1 Fenchelknolle
250 g Muscheln aus der Dose
½ Zwiebel
1 Knoblauchzehe
1 EL Butter oder Öl
200 g Reis
1 TL Fischfond
Salz und schwarzer Pfeffer
1 Stängel Dill, fein gehackt
Crème fraîche zum Servieren

Den Fenchel in Stücke schneiden, das Fenchelgrün als Garnitur beiseitelegen. Die Muscheln abgießen, dabei den Sud auffangen und mit so viel Wasser auffüllen, bis 350 ml erreicht sind.

Zwiebel und Knoblauch schälen, hacken und mit dem Fenchel in einem Topf in Butter oder Öl 2 Minuten andünsten. Salzen und pfeffern.

Reis, Sud und Fischfond hineingeben und abgedeckt bei geringer Hitze 10 Minuten garen.

Muscheln und Dill unterrühren und aufwärmen. Mit einem Löffel Crème fraîche servieren. ◁

Reissalat mit Puy-Linsen

Für 2 Personen

Die kleinen französischen Puy-Linsen sind meine absoluten Lieblingslinsen. Sie zerkochen nicht so schnell und müssen auch nicht eingeweicht werden. Ich koche sie gemeinsam mit dem Reis und aromatisiere sie mit Brühe. Teilweise sind auf den Verpackungen Kochzeiten von 40 Minuten angegeben, doch nach 40 Minuten ist alles Brei! Köcheln Sie sie sacht 10–15 Minuten. Dann haben die Linsen noch ein wenig Biss und sind eine gute Proteinquelle.

½ Zwiebel
½ EL Olivenöl
200 g Reis
80 g Puy-Linsen
1 Würfel Hühnerbrühe
1 Packung Frühstücksspeck
2 EL Kapern
100 g Parmesan, gehobelt

Die Zwiebel hacken und in einem Topf in etwas Öl andünsten. Reis, Linsen, 500 ml Wasser und Brühwürfel hinzufügen.

Zum Kochen bringen und rühren, bis der Brühwürfel sich aufgelöst hat. Abgedeckt 10 Minuten köcheln lassen. Den Topf von der Flamme nehmen und beiseitestellen. Dann den Speck braten.

Den Reis mit den Kapern vermengen und mit Parmesan und Speck servieren. ◁

Minutensteak mit Püree, Schnittbohnen und Balsamicocreme

Für 1 Person

Ein edler Genuss, der mit einem Schluck Rotwein seine Krönung erhält. Luxus pur!

½ Würfel Fleischbrühe
½ TL getrockneter Thymian
4 Schnittbohnen oder 10 grüne Bohnen
70 g Kartoffelpüreepulver
200 g Minutensteak
Butter oder Öl
Salz und schwarzer Pfeffer
Balsamicocreme

350 ml Wasser mit Brühwürfel, Thymian und Schnittbohnen aufkochen. Die Bohnen herausheben, das Püreepulver unterrühren und abgedeckt warm halten. Das Fleisch in Scheiben schneiden und in Butter oder Öl braten. Mit Salz und Pfeffer würzen. Das Fleisch auf dem Püree anrichten und noch etwas Balsamicocreme darüberträufeln. ◁

Balsamicocreme

Ich fülle mir immer selbst gemachte Balsamicocreme in eine kleine Flasche und nehme sie mit auf Reisen.

Die Creme ist auch als Fertigprodukt erhältlich. Es gibt sie inzwischen in jedem Supermarkt.

½ Würfel Fleischbrühe
2 EL Balsamicoessig
2 EL brauner Zucker

Brühwürfel, Essig und Zucker mit 100 ml Wasser zum Kochen bringen und rühren, bis der Zucker aufgelöst ist. Um die Hälfte reduzieren und beiseitestellen.

Beim Abkühlen dickt der Essig an und wird cremig.

Oliven-Kartoffel-Salat mit Lammwürstchen

Für 1 Person

Der Geschmack dieses Gerichts hängt ganz von der Qualität der Zutaten ab. Oliven variieren hinsichtlich Geschmack und Konsistenz je nach Sorte und Produzent beträchtlich. Ich kaufe meine Bratwürstchen immer bei einem Metzger meines Vertrauens.

3 kleine Kartoffeln
3 getrocknete Tomaten in Öl
¼ Bund frisches Basilikum
10 Kalamata-Oliven
Salz und schwarzer Pfeffer
Balsamicoessig (nach Belieben)
2 Bratwürstchen

Die Kartoffeln in mundgerechte Stücke schneiden, so verkürzt sich die Kochzeit. In leicht gesalzenem Wasser kochen. Die Tomaten halbieren, die Basilikumblätter von den Stielen zupfen und in zwei Hälften reißen. Oliven, Tomaten, Kartoffeln und Basilikum mischen.

Mit Salz, Pfeffer und nach Belieben mit Balsamico abschmecken. Dazu gebratene Würstchen servieren. ◁

Gewürzte Butter

Frisch gekochte neue Kartoffeln, Knäcke, frisch gebackenes Brot oder heiße Bohnen bekommen mit lecker gewürzter Butter einen echten Goldrand. Würzbutter ist unglaublich vielseitig einsetzbar! Vermengen Sie die Zutaten einfach zu Hause und füllen Sie sie in einen gut schließenden Behälter.

100 g gesalzene Butter
Kann mit folgenden Zutaten aromatisiert werden:

1 mittelgroße gekochte Kartoffel, gerieben
2 EL gehackter Schnittlauch
3 Sardellenfilets
geriebener Parmesan oder alter Gouda

1 EL frisch gepresster Zitronensaft
2 EL gehackte Petersilie
1 TL Salz

10 grüne Oliven, gehackt
5 getrocknete Tomaten, in Streifen
2 EL geröstete Pinienkerne
2 EL gehackter Rucola

Dijondressing

Ergibt 100 ml

Ein wahrhaft multifunktionales Dressing mit unendlichen Einsatzmöglichkeiten! Toll natürlich als Salatdressing mit Grillfleisch oder im Kartoffelsalat mit grünen Bohnen. Schmeckt sogar auf einem Sandwich mit Schinken oder Pute. In den Sommermonaten, wenn Salat hoch im Kurs steht, ist dieses Dressing einfach ein Muss.

Ich habe immer ein kleines Fläschchen bei mir, das ich vor der Verwendung nur kurz schüttele.

1 EL Dijonsenf
1 TL Salz
1 Prise schwarzer Pfeffer
1 Prise Salatgewürz
25 ml Pflanzenöl

Senf und Gewürze verquirlen, dann das Öl unter kräftigem Rühren (möglichst mit einem elektrischen Handrührgerät) in einem dünnen Strahl eingießen. So wird das Dressing schön fest. Je nach Zutaten kann man es mit ein paar Teelöffeln Wasser verdünnen. ▷

DIJON DRES

Pasta mit Thunfisch, Kapernäpfeln & Zitrone
Für 2 Personen

Thunfisch ist ein richtiger Allrounder, der unglaublich vielseitig einsetzbar ist. Da sich alle Zutaten lange halten, eignet sich dieses Gericht gut für das Ende einer Reise. Die großen, dekorativen Kapernäpfel sind ein besonderer Liebling von mir, doch man kann auch Kapernknospen verwenden.

200 g Vollkornnudeln
½ rote Zwiebel
1 Dose Thunfisch im eigenen Saft
1 EL Olivenöl
1½ TL Zitronensaft
8 Kapernäpfel
6 grüne Oliven
Meersalzflocken und schwarzer Pfeffer

Die Nudeln bissfest kochen. Die Zwiebel fein hacken und den Thunfisch abgießen. Zwiebel, Thunfisch, Olivenöl, Zitronensaft, Kapernäpfel und Oliven mischen. Mit Salz und schwarzem Pfeffer abschmecken und mit den Nudeln servieren. Das Gericht kann man auch mit einem Löffel Crème fraîche servieren. ◁

Schwarze Bohnensuppe mit Mais & Frühlingszwiebeln
Für 2 Personen

Farben regen den Appetit an. Ich persönlich stehe auf Schwarz: schwarze Bohnen, schwarze Nudeln, schwarze Beluga-Linsen. Schwarze Bohnen aus der Dose sind leicht sämig und eignen sich daher gut als Suppengrundlage.

½ Zwiebel
1 kleine Knoblauchzehe
½ EL Olivenöl
1 Dose schwarze Bohnen (Asialaden)
½ Würfel Hühnerbrühe
Salz und schwarzer Pfeffer
1 kleine Dose Mais
4-cm-Stück Frühlingszwiebel oder Porree, in feinen Ringen

Zwiebel und Knoblauch schälen, hacken und in einem Topf in etwas Öl andünsten. Die Bohnen abgießen und in den Topf geben, dann 200 ml Wasser und den Brühwürfel zugeben.

Zum Kochen bringen, dann 3–4 Minuten sacht köcheln lassen. Umrühren und einen Teil der Bohnen mit einer Gabel an den Topfseiten zerdrücken. So erhält die Suppe eine sämigere Konsistenz. Salzen und pfeffern. Mit Mais und Frühlingszwiebel servieren. ◁

ROCK

Libanesische Pita mit Hummus & Minzbulgur

Für 2 Personen

Verwenden Sie für dieses Gericht die dünnen, zweilagigen Pitabrote, die es in türkischen oder arabischen Lebensmittelgeschäften zu kaufen gibt. Grober Bulgur ist etwas grobkörniger und hat einen niedrigeren glykämischen Index (GI) als gewöhnlicher Bulgur.

150 g grober Bulgur
1 Würfel Hühnerbrühe
2 EL Olivenöl
Salz und schwarzer Pfeffer
½ Bund frische Minze
1 Portion Hummus (siehe nebenstehendes Rezept)
2 Pitabrote

Den Bulgur mit Brühwürfel, Olivenöl und einer Prise Salz in 400 ml kochendem Wasser 8–10 Minuten ziehen lassen. Eventuell überschüssiges Wasser abgießen, den Bulgur umrühren und 3 Minuten abgedeckt ausquellen lassen. Die Minze hacken und untermengen. Pfeffern.

Auf dem Brot ein dicke Schicht Hummus verstreichen, mit dem Bulgursalat belegen, aufrollen und genießen. Für einen zusätzlichen Eiweißkick etwas gegrilltes Lammfilet oder Lammwürstchen mit einwickeln. ◁

Hummus

Für 3 gut gefüllte Pitabrote

Auf einer Wanderung im nördlichen Libanon lernte ich Josef kennen, einen großen, kräftigen Bauern mit schwarzen Augen, groben Händen und einem großen, weichen Herzen. Josef lud mich auf seinen Bauernhof in den Bergen ein.

Dort baute er alles an – von Walnüssen bis hin zu den saftigsten Äpfeln, die ich je gegessen habe. Beeindruckend! Abends gab es ein Essen am Lagerfeuer mit in der Glut gegarten Kartoffeln, Salat und Hummus unter dem Motto: Mit Knoblauch und Olivenöl schmeckt alles gut!

Von Josef lernte ich dieses tolle Hummus-Rezept.

1 Dose Kichererbsen
2 Knoblauchzehen
50 ml Olivenöl
1 EL frisch gepresster Zitronensaft

Josef wärmte die Kichererbsen zwar in der geöffneten Dose in ihrem Sud über dem Feuer auf, doch ebenso gut kann man die Kichererbsen in einen Topf gießen und auf dem Campingkocher erhitzen. Den Sud abgießen und die Kichererbsen mit fein gehacktem, zerdrücktem oder geriebenem Knoblauch – je nach Ausrüstung – vermengen.

Öl und Zitronensaft zugeben und alles mit einer Gabel zu einer glatten Masse zerdrücken. Durch das Erhitzen lassen sich die Kichererbsen leichter zerdrücken und die Aromen verbinden sich besser. ◁

Nudelsalat mit Krebsfleisch & Erdnüssen

Für 1 Person

Sesam und Erdnüsse schmecken gut, kurz angeröstet allerdings noch besser! Durch die Hitze entfalten sich die Aromen, und der Geschmack intensiviert sich. Das Rösten dauert in einer heißen Pfanne nur eine Minute. Ich röste sie immer schon zu Hause und fülle sie dann in einen kleinen Behälter oder Beutel ab. Aber auch in einer Teflonpfanne auf dem Kocher geht das wunderbar. Diesen Salat kann man warm oder kalt genießen.

1-cm-Stück frische rote Chili
30 g Erdnüsse, gehackt
1 EL Sesamsaat
1 Packung asiatische Instantnudeln mit Garnelengeschmack
1 Dose Krebsfleisch
1 TL Sesamöl (Olivenöl geht auch)
¼ Limette
Sprossen oder Keimlinge nach Wahl zum Servieren

Die Chili in dünne Ringe schneiden. Nüsse, Sesam und Chili in einer trockenen, beschichteten Pfanne oder einem Topf rösten. Beiseitestellen.

Die Nudeln nach Packungsanleitung garen, die Brühe abgießen (in eine Thermoskanne abfüllen, falls es draußen kalt ist).

Das Krebsfleisch abtropfen lassen und mit Nudeln, Sesamöl, Nüssen, Sesam und Chili mischen. Mit Limettensaft beträufeln und mit Sprossen oder Keimlingen nach Wahl servieren. ◁

Red Hot Chili

Für 2 hungrige Menschen

Wenn alle frischen Lebensmittel aufgebraucht sind, koche ich Chili mit getrocknetem Sojahack, das fast nichts wiegt und lange haltbar ist. Sojahack ist in Bioläden, gut sortierten Supermärkten oder Reformhäusern erhältlich. Natürlich kann man auch frisches Rinder- oder Lammhack verwenden.

120 g Sojahack
1 rote Zwiebel
2 Knoblauchzehen
1 EL Tomatenmark
1 EL Olivenöl
1 kleine Dose geschälte Tomaten
½ Hühnerbrühwürfel
2 TL Salz
2-cm-Stück frische rote Chili, in Ringen
1 kleine Dose Kidneybohnen
1 kleine Dose schwarze Bohnen (Asialaden)
7-cm-Stück Porree, in Ringen

Sojahack in einer Schüssel mit 200 ml kochendem Wasser übergießen und etwa 15 Minuten quellen lassen. Dann abgießen. Die rote Zwiebel grob zerkleinern und den Knoblauch in dünne Scheiben schneiden. Zwiebel, Knoblauch, Tomatenmark und Sojahack in einem Topf in Olivenöl braten, bis die Zwiebel weich und leicht angebräunt ist. 100 ml Wasser, Tomaten, Brühwürfel, Salz und Chili zugeben. Alles schön einkochen lassen. Dann die Bohnen und den Porree zufügen, aufkochen – fertig! Zum Beispiel mit gegrilltem Stockbrot und einem Löffel Joghurt servieren. ▷

PRIMUS
GAS

Tomaten-Avocado-Salat mit gebratenem Schinken

Für 1 Person

Durch ihren relativ hohen Fettgehalt ist eine Avocado sehr sättigend. Zudem braucht man für dieses Rezept kaum Kochgeschirr und man wird mit einer Menge Protein und Energie versorgt.

Geräucherter Schinken schmeckt gebraten ganz anders – der Aufwand lohnt sich garantiert, versprochen!

1 mittelgroße Tomate
2-cm-Stück Frühlingszwiebel oder Porree
1 Avocado
1 Zitronenspalte zum Auspressen
150 g geräucherter Schinken
Salz und schwarzer Pfeffer

Die Tomaten zerkleinern, Frühlingszwiebel oder Porree in Ringe schneiden. Die Avocado halbieren, schälen und in Stücke schneiden. Tomate und Avocado mischen und mit Zitronensaft beträufeln. Den Schinken in Streifen schneiden und mit dem Porree in etwas Öl braten. Den Schinken heiß zum Salat servieren. ▷

Tortellini

Für 2 Personen

Ich kaufe auf Outdoor-Reisen oft ein Paket frische Tortellini als schnelles Mittagessen. Dieses Rezept ist der einfachste und schnellste Weg zum Glück. Zusätzlich aufpeppen kann man die Tortellini mit schwarzen Oliven, gerösteten Sonnenblumenkernen, getrockneten Tomaten und frischem Gemüse.

1 Packung frische Tortellini mit Spinat und Ricotta
½ Eisbergsalat
1 EL Olivenöl
Saft von ½ Zitrone
Meersalzflocken (nach Geschmack)
schwarzer Pfeffer (nach Geschmack)
Stangensellerie (nach Belieben)

Die Tortellini nach Packungsanleitung garen, meist nur 2–3 Minuten. Den Eisbergsalat in Stücke reißen.

Olivenöl und Zitronensaft verquirlen und über die fertigen Tortellini gießen. Mit Salz und Pfeffer würzen und gerne mit ein paar Selleriestangen zum Knabbern servieren. ▷

Mangosalat mit schwarzen Linsen & Zitronenhähnchen

Für 1 Person

Packen Sie ein gefrorenes Hähnchenbrustfilet ein und marinieren Sie es, wenn es getaut ist. So hält es sich länger, und man kann das Gericht am dritten Tag der Reise essen. Am ersten Tag ist es gefroren, am zweiten Tag wird es mariniert und am dritten Tag mittags oder abends verspeist. Das Fleisch sollte aber dennoch immer so kühl wie möglich aufbewahrt werden.

1 Hähnchenbrustfilet
½ Zitrone, ausgepresst
3 EL Öl
100 g Beluga-Linsen
½ Würfel Hühnerbrühe
1 kleine Mango
7-cm-Stück Salatgurke
¼ rote Zwiebel
Salz und schwarzer Pfeffer

Das Hähnchenfleisch in Zitronensaft und Öl in einem kleinen Plastikbeutel marinieren. Die Linsen mit dem Brühwürfel abgedeckt in 200 ml Wasser 10–15 Minuten garen. Übrig gebliebene Flüssigkeit abgießen und die Linsen leicht abkühlen lassen. Die Mango schälen und würfeln, die Gurke schälen und in Stücke schneiden, die rote Zwiebel in Spalten schneiden.

Mit den Linsen mischen und mit Salz und schwarzem Pfeffer abschmecken. Das Fleisch in einer Pfanne braten oder grillen. Um das Garen zu beschleunigen, die Pfanne mit einem Deckel oder mit Alufolie abdecken. ◁

Bulgur mit Rosinen, Aprikosen & Mandeln

Für 2 Personen

Trockenfrüchte und Nüsse sind eine tolle Energiequelle, wiegen im Gepäck fast nichts und sind lange haltbar.

Dieses Gericht ist perfekt als letzte Mahlzeit eines Outdoor-Urlaubs, da sich die Zutaten lange halten. Die geräucherte Wurst harmoniert gut mit den süßen Trockenfrüchten.

1 Knoblauchzehe
Olivenöl
150 g grober Bulgur
1 Würfel Hühnerbrühe
Salz und schwarzer Pfeffer
70 g ganze Mandeln
60 g normale oder grüne Rosinen
30 g getrocknete Aprikosen
2 Frühlingszwiebeln
200 g geräucherte Mettwurst oder Salami

Den Knoblauch schälen, in Scheiben schneiden und in einem Topf in etwas Öl andünsten. Bulgur, 400 ml Wasser, Brühwürfel und 1 Teelöffel Salz zugeben, aufkochen und etwa 10 Minuten leise köcheln. Überschüssiges Wasser abgießen und noch 3 Minuten abgedeckt ruhen lassen.

Die Mandeln mit 1 Teelöffel Salz in einer trockenen Pfanne rösten, bis sie Farbe angenommen haben. Mit den Rosinen zum Bulgur geben. Aprikosen und Frühlingszwiebeln zerkleinern und untermengen. Dann mit Salz, Pfeffer und Olivenöl abschmecken.

Mit in Scheiben geschnittener geraucherter Wurst servieren. ◁

Maispfannkuchen mit durchwachsenem Speck
Für 2 Personen

Diese Maispfannkuchen sind eine vereinfachte Version der amerikanischen Pancakes. Man kann sie schon vor der Reise zu Hause vorbereiten. Die Schwedenmilch kann auch durch Crème fraîche, Milch oder Joghurt ersetzt werden. Und anstelle von Polenta kann man Weizenmehl verwenden.

40 g Polenta
60 g Weizenmehl
1 TL Salz
1 TL Backpulver
1 Ei
100 ml Schwedenmilch
45–60 g Maiskörner
2 EL Butter zum Braten
200 g durchwachsener Speck

Polenta, Mehl, Salz und Backpulver zu Hause in einem Beutel mischen. Ei und Schwedenmilch verquirlen und unter die Mehlmischung rühren. Dann den Mais untermengen. Die Masse in Butter beidseitig schön braun backen.

In einem Topf mit Deckel warm halten und den Speck braten. ◁

Heringsmahlzeit
Für 2 Personen

Der Proteingehalt dieses klassischen schwedischen Festtagsessens ist hoch, und die Zutaten sind lange haltbar. Kaufen Sie kleine Kartoffeln oder halbieren Sie große Exemplare, um die Kochzeit zu verkürzen. Ich liebe eingelegten Hering. Ich kaufe ihn immer fertig und peppe ihn dann mit Karotten, roten Zwiebeln und Petersilie auf. Das bereite ich zu Hause schon vor. Käse, Hering, Knäcke und Butter aufzutischen, ist typisch schwedisch.

eingelegte Heringsfilets
8 kleine Kartoffeln
2 hart gekochte Eier
würziger Käse
Knäckebrot
Butter
◁

Soba-Nudeln mit Räucherlachs & Wasabi
Für 1 Person

Probieren Sie ein kleines Stück Wasabi, bevor Sie das Dressing anrühren, um festzustellen, wie scharf er ist. Soba-Nudeln sind japanische Buchweizennudeln mit mehr Geschmack und mehr Biss als Eiernudeln. Auf dem Bild habe ich alles mit schwarzem Sesam und frischem Koriander garniert.

100 g Soba-Nudeln
3 EL Mayonnaise
2 TL Wasabipaste (oder nach Geschmack)
¼ Limette, ausgepresst
150 g Räucherlachs
Salat (nach Wahl)

Die Nudeln in gesalzenem Wasser etwa 2 Minuten garen. Abgießen und abkühlen lassen. Mayonnaise mit Wasabi und Limettensaft verrühren. Die Nudeln im Dressing wenden und mit Lachs und Salatblättern servieren. ▷

Pilaw mit Chorizo

Für 2 Personen

Hier eine richtige Proteinbombe, die – herrlich mit Knoblauch und Kreuzkümmel aromatisiert – den Körper mit der nötigen Energie versorgt und richtig gut schlafen lässt.

Wenn Sie frische Chorizo kaufen, lassen Sie sie vakuumverpacken. So hält sie sich länger und ist gut zu verstauen.

½ Zwiebel
1 TL gemahlener Kreuzkümmel
Olivenöl zum Braten
200 g Reis
½ Hühnerbrühwürfel
1 Dose Kichererbsen
schwarzer Pfeffer
gehackte Petersilie zum Servieren
2 große, frische Chorizowürste
50 g Feta (nach Belieben)

Die Zwiebel grob hacken und mit Kreuzkümmel in etwas Öl andünsten. Den Reis zugeben und rühren, bis der Reis glasig geworden ist.

325 ml Wasser und den Brühwürfel hinzufügen und ohne Deckel 10 Minuten köcheln lassen. Die Kichererbsen abspülen und abtropfen.

Untermengen und mit schwarzem Pfeffer würzen. Eventuell mit Petersilie garnieren. Mit gebratener oder gegrillter Chorizo und gerne auch mit etwas Feta servieren. ◁

Safran-Gnocchi

Für 2 Personen

Unglaublich, dass ein kleiner Beutel mit frischen Gnocchi so glücklich machen kann! Safran ist ein tolles Gewürz – gerade für Wanderer, deren Gepäck so leicht wie möglich sein soll. Er verleiht diese wunderschöne gelbe Farbe und hat einen intensiven, aufregenden Geschmack, besonders in Verbindung mit Knoblauch.

Die Gnocchi sind im Handumdrehen aufgewärmt und eignen sich gut als sättigendes Mittagessen. Lecker schmecken dazu noch frische Meeresfrüchte, falls es auf dem Weg einen Fischstand gibt.

1 Packung frische Gnocchi
1 TL Salz
1 Schale Cocktailtomaten
2 Frühlingszwiebeln
1 Knoblauchzehe
0,5 g Safranpulver
Olivenöl zum Braten
schwarzer Pfeffer

1½ l Wasser mit 1 Teelöffel Salz zum Kochen bringen. Die Gnocchi darin 2–3 Minuten köcheln, bis sie an die Oberfläche steigen. Abgießen und beiseitestellen.

Die Cocktailtomaten halbieren, Frühlingszwiebeln und Knoblauch in Scheiben schneiden.

Knoblauchscheiben, Frühlingszwiebeln, Tomaten und Safran in Olivenöl braten, bis die Tomaten ein wenig weich geworden sind. Die Gnocchi unter Rühren darin aufwärmen. Mit Salz und Pfeffer abschmecken und genießen! ▷

Tomatensuppe mit Feta

Für 2 Personen

Stückige Dosentomaten gehören in meiner Küche zu den Grundzutaten. Servieren Sie sie mit einem Löffel Pesto und Stockbrot.

1 Zwiebel
2 Knoblauchzehen
½ EL Olivenöl
500 g stückige Tomaten (Tetrapack oder Dose)
1 Würfel Hühnerbrühe
1 TL Salz
1 Prise getrocknete Chili (oder nach Geschmack)
100 g Feta

Zwiebel und Knoblauch schälen und hacken. In Olivenöl dünsten. Tomaten, Brühwürfel, Salz, Chili und 100 ml Wasser zugeben und unter Rühren aufkochen. Mit zerbröseltem Feta servieren. ◁

Bohnensalat mit Barbecuesauce

Für 1 Person

Ich verwende hier Barbecuesauce mit Hickory-Geschmack. Ketchup ist natürlich auch geeignet.

1 kleine Dose (130 g) große weiße Bohnen
1 kleine Dose (130 g) schwarze Bohnen (Asialaden)
2 EL Barbecuesauce Hickory
scharfe Salami in Scheiben
Eisbergsalat

Die Bohnen abtropfen und abspülen. Dies geht am besten, wenn man die Dose immer wieder mit frischem Wasser füllt und abgießt, bis der Sud entfernt ist. Mit der Barbecuesauce mischen und mit scharfer Salami und Eisbergsalat servieren. ◁

Gnocchi mit Zitrone & Salbei à la Fredrik

Für 2 Personen

Fredrik lernte ich bei einem Frühstück kennen. Es stellte sich heraus, dass wir massenhaft gemeinsame Interessen hatten. Immer, wenn Fredrik und ich Kajak fahren, sorge ich für das Essen und er für die Getränke. Traditionell ist bei uns immer eine Flasche gut gelagerter westindischer Rum mit an Bord, den wir uns nach dem Essen zum Kaffee genehmigen. Der Abend wird dann routinemäßig mit einer Mineralstoff-Brausetablette abgeschlossen und der neue Tag mit Vitamin-C-Brause begonnen!

1 Packung Gnocchi
1 Dose stückige Tomaten
½ Bund frischer Salbei, gehackt
Salz oder rote Chiliflocken nach Geschmack
frisch gepresster Saft von 1 Zitrone

Leicht gesalzenes Wasser zum Kochen bringen und die Gnocchi darin 2–3 Minuten köcheln, bis sie an die Oberfläche steigen.

Abgießen, dann Tomaten, Salbei, Chili, Salz und Zitronensaft unter die Gnocchi mengen. ▷

LOCK

Geräuchertes mit Feigen und Balsamicocreme

Für 2 Personen

Traditionell wird für dieses Gericht Rentier-Suovas verwendet. Das ist geräuchertes, gesalzenes Rentierfleisch. Wenn ich meine Schwester in Härjedalen besuche, decke ich mich beim lokalen Wildmetzger immer mit Rentier-Suovas ein. Das Fleisch ist ganz zart und mürbe. Man kann es essen, so wie es ist, oder es leicht anbraten. In Kombination mit den süßen Feigen und der süßsauren Sauce schmeckt es einfach umwerfend!

120 g gekochte Mung- oder Kidneybohnen
1 Würfel Gemüsebrühe
1 TL Salz
½ rote Zwiebel
2 TL Butter oder Öl
5 getrocknete Feigen
40 g gesalzene Cashewkerne
200 g Geräuchertes oder Bündnerfleisch
Balsamicocreme (siehe Seite 60)

Die Bohnen im Voraus kochen. Sie hierzu zunächst in reichlich Wasser über Nacht einweichen, dann abgießen und in frischem Wasser mit 1 Brühwürfel und 1 Teelöffel Salz 15–20 Minuten kochen, bis sie weich, aber noch nicht zerkocht sind. Tipp: Kochen Sie das ganze Paket und frieren Sie die übrig gebliebenen Bohnen ein.

Die Zwiebel grob hacken und in etwas Butter oder Öl in einem Topf glasig dünsten. Die gekochten Bohnen zugeben und sanft erhitzen.

Die Feigen in Spalten schneiden und mit den Nüssen zu den Bohnen geben. Vermengen und erhitzen. Mit dünnen Fleischscheiben und ein wenig Balsamicocreme servieren. ◁

Roter Quinoa-Salat mit Feta

Für 1 Person

Quinoa ist eine südamerikanische Pflanze, deren Samen ähnlich wie Couscous oder Bulgur zubereitet werden und auch ähnlich schmecken. Erhältlich ist sie in der roten, weißen und schwarzen Variante. Die Garzeit für Quinoa ist etwas länger als bei Nudeln. Dieses Gericht eignet sich also nur für Reisen, auf denen man nicht mit dem Brennstoff geizen muss.

70 g ganze Mandeln
½ Zwiebel
1 Knoblauchzehe
½ EL Öl
80 g rote Quinoa (Bioladen)
½ Würfel Hühnerbrühe
1 kleiner Brokkoli
Salz und schwarzer Pfeffer
100 g Feta

Die Mandeln mit etwas Salz in einer Pfanne rösten. Zwiebel und Knoblauch hacken und in etwas Öl andünsten. Quinoa, 200 ml Wasser und den Brühwürfel zugeben und etwa 15 Minuten, möglichst abgedeckt köcheln. Den Brokkoli in Röschen 4 Minuten vor Ende der Garzeit zur Quinoa geben.

Mit Salz und Pfeffer abschmecken und mit zerbröckeltem Feta und gerösteten Mandeln servieren. ◁

Italienischer Risoni-Topf mit Hühnchen
Für 2 Personen

Risoni sind kleine italienische Nudeln, die wie Reis aussehen. Diesen Nudeltopf mache ich immer auf längeren Segeltörns und selbst bei hohem Seegang kann man ihn aus einer tiefen Schale noch gut essen.

1 EL Tomatenmark
5-cm-Stück Porree, in Ringen
1 rote Paprika, grob gehackt
Chili (nach Geschmack)
200 g Hähnchenbrustfilet, in Streifen
1 EL Öl
1 Würfel Hühnerbrühe
160 g Risoni
½ Zitrone, ausgepresst
Salz (nach Geschmack)

Tomatenmark, Porree, Paprika, Chili und Hähnchenfleisch in einem Topf in Öl leicht anbräunen. 800 ml Wasser, Brühwürfel und Risoni zugeben und abgedeckt 10 Minuten köcheln lassen. Den Zitronensaft unterrühren, mit Salz und schwarzem Pfeffer abschmecken und servieren.
◁

Muschelpasta
Für 2 Personen

Als ich meine Wohnung renovierte, war ich drei Monate ohne Küche. Ich baute daher meinen Sturmkocher auf. Dies hier war mein Lieblingsgericht.

200 g Vollkornlinguine
1 Knoblauchzehe
½ EL Öl
250 g Muscheln aus der Dose
½ Bund Petersilie, gehackt
1 Tomate, gehackt
150 g Sahne

Die Nudeln kochen. Den Knoblauch in Öl anschwitzen, dann Muscheln, Petersilie, Tomate und Sahne zugeben.

Die Sauce ein paar Minuten einköcheln lassen, dann mit den Nudeln mischen und servieren. ◁

Vollkornspaghetti mit Blauschimmelkäse
Für 1 Person

Bei dem Gericht kann eigentlich nichts schiefgehen.

Auf Reisen verwende ich immer Vollkornspaghetti, weil sie länger satt machen. Beim Käse achte ich auf Qualität, denn so wird das Gericht einfach leckerer.

100 g Vollkornspaghetti (oder Linguine)
50 g Blauschimmelkäse
½ Birne, in Scheiben
30 g Walnüsse
Salz und schwarzer Pfeffer

Die Nudeln nach Packungsanleitung garen. Ich koche sie immer bissfest und gieße sie eine Minute vor der angegebenen Zeit ab.

Etwa 2 Esslöffel des Kochwassers im Topf belassen, den Käse über die Nudeln bröckeln und rühren, bis er geschmolzen ist. Birne und Walnüsse unterheben und mit Salz und schwarzem Pfeffer würzen. ▷

PRIMUS

POWER

Pestopizza mit Parmaschinken & gegrillter Paprika

Für 2 Personen

In Schweden gab es früher nur unappetitliche Pizza mit Pressfleisch und Dosenchampignons zu kaufen. Heute wird sie glücklicherweise meist mit frischen Zutaten zubereitet.

Anstelle von Tomatensauce habe ich hier Pesto verwendet, den man zu Hause zubereiten und mitnehmen kann.

Für den Pizzateig:
300 g Weizenmehl
2 TL Backpulver
1 TL Salz
2 EL Olivenöl

Für den Belag:
100 g Parmaschinken
4 EL Pesto
40 g in Öl eingelegte gegrillte Paprika

Für den Pesto:
2 Knoblauchzehen
2 EL geröstete Pinienkerne
(alternativ 15 blanchierte Mandeln)
2 Bund frisches Basilikum
1 Bund frische Petersilie
1 TL Meersalzflocken
100 ml Olivenöl
50 g geriebener Parmesan

Den Pesto zu Hause in der Küchenmaschine zubereiten. Dafür Knoblauch und Nüsse in der Küchenmaschine zerkleinern. Dann Basilikum, Petersilie und Salz zugeben und fein pürieren. Bei laufendem Motor in feinem Strahl das Öl und schließlich nach und nach den Käse zufügen, bis eine mayonnaiseartige Konsistenz erreicht ist. In einen dicht verschließbaren Behälter füllen. Mehl, Backpulver und Salz in einem Plastikbeutel mischen und 150 ml Wasser zugeben. Den Teig im Beutel kneten und daraus 2 Fladen formen, die so groß sind wie der Boden der Pfanne.

Bei geringer Hitze etwa 5 Minuten auf jeder Seite in etwas Öl in der Pfanne braten. Unterdessen den Deckel schließen, um einen Ofen zu schaffen. Auf den fertigen Fladen eine dicke Schicht Pesto verstreichen und mit Parmaschinken und gegrillter Paprika belegen. ◁

Pizza mit Räucherlachs & Meerrettich

Für 2 Personen

Meine schwedische Gourmetpizza.

1 Portion Pizzateig (siehe Pestopizza)
50 g Frischkäse mit Paprikageschmack
150 g Räucherlachs
½ Bund Rucola

Die Pizzaböden herstellen und mit einer dicken Schicht Frischkäse bestreichen. Mit Räucherlachs und Rucola belegen und genießen. ◁

Antipasti

Ich liebe es, mich nach einem langen Paddeltag in meinem eng anliegenden Fleece-Overall hinzusetzen und der Stille zu lauschen. Stress existiert hier nicht, der ganze Abend liegt noch vor mir, und ich habe massenhaft Zeit zum Essen und Trinken. Es ist toll, sich dann ein paar Antipasti zusammenzustellen, wie Nüsse, Käse, Oliven und Salami.

Nüsse
Hartkäse
Oliven
Salami
◁

Bohnendip mit Crostini
Für 4 Personen

Diesen leckeren Bohnendip kann man geschmacklich mit Kräutern, wie Koriander oder Estragon, abwandeln.

1 Dose Kidneybohnen
2 Knoblauchzehen
2 EL gehackte Petersilie
1 EL gehackter Schnittlauch
Olivenöl
Salz und Chilipulver
¼ Baguette

Die Bohnen abspülen. Den Knoblauch schälen und reiben. Mit Petersilie, Schnittlauch, 2 Esslöffeln Olivenöl und 1 Esslöffel Wasser mischen. Die Bohnen mit einer Gabel zerdrücken und mit der Kräutermischung verrühren. Mit Salz und Chilipulver würzen.

Das Baguette in Scheiben schneiden und in Olivenöl anbräunen.

Die Crostini großzügig mit Bohnendip bestreichen, die Augen schließen und genießen. ◁

Gefüllte Pita mit gegrillter Aubergine & Paprika
Für 2 Personen

Ich schätze die libanesische Küche sehr, in der viel mit den Händen gegessen wird und man das Essen richtig spüren kann. Die Libanesen legen gern in Öl ein. Daher gibt es in den Lebensmittelgeschäften immer eine große Auswahl leckerer Konserven, wie eingelegte gegrillte Paprika.

Auberginen bestehen größtenteils aus Wasser, und man sollte sie vor dem Grillen oder Braten mit Salz entwässern.

1 Aubergine
30 g Pinienkerne
2 EL Olivenöl
in Öl eingelegte gegrillte Paprika
2 Pitabrote
½ Bund Rucola

Die Auberginen in etwa 1 cm dicke Scheiben schneiden, beidseitig salzen und beiseitestellen. Die Pinienkerne in einer trockenen Pfanne rösten, bis sie Farbe angenommen haben. Die Auberginen trocken tupfen, um das ausgetretene Wasser zu entfernen und in einer heißen Pfanne in Olivenöl braten. (Gern auch das Öl der eingelegten Paprika verwenden.) Die Brote mit Aubergine, Pinienkernen, Paprika und Rucola füllen, aufrollen und genießen! ◁

Zitronen-Couscous mit Artischocken & geräucherter Makrele

Für 1 Person

Ich habe einige Jahre als Köchin auf großen Segeljachten gearbeitet. Ein Höhepunkt bei meinen Segeltörns in Skandinavien waren die kleinen Räuchereien entlang der Küste. Der Duft ist unwiderstehlich und bringt mich immer dazu, ins Gummiboot zu springen und schnell an Land zu rudern. Kaum etwas schmeckt mehr nach Sommer als frisch geräucherter Fisch von einem Fischmarkt vor Ort. Zum Omega-3-reichen Fisch passt ein frischer Couscous-Salat mit Zitrone. Die Artischockenherzen kaufe ich immer in der Dose – lange haltbar und stoßsicher.

½ Hühnerbrühwürfel
75 g Couscous
1 TL Olivenöl
Saft von 2 Zitronenspalten
3 Artischockenherzen
5 Zweige Dill
1 geräuchertes Makrelenfilet

100 ml Wasser mit Brühwürfel zum Kochen bringen, den Couscous zugeben und 3–5 Minuten ziehen lassen. Olivenöl und Zitronensaft mit einer Gabel unterrühren.

Die Artischocken in Stücke schneiden, den Dill grob hacken. Unter den Couscous rühren und mit frisch geräuchertem Fisch servieren.

Auf dem Bild ist geräucherte Pfeffermakrele zu sehen. ◁

Roter Linsentopf mit Würstchen

Für 2 Personen

Auf einer Radreise von Tallinn nach Riga entdeckte ich die herzhafte baltische Küche: scharfe Würste und Bohnen-, Linsen- oder Kohlgerichte mit massenweise Knoblauch.

Am Wegesrand standen immer wieder Kinder und alte Frauen, die Würste, Hüttenkäse, Käse und wilde Erdbeeren in Plastikbechern verkauften. Wir deckten uns mit diesen Produkten ein und kochten selbst. Dies hier wurde ein richtiges Lieblingsgericht für mich, das wir mit verschiedenen scharfen Würsten und Gemüse abwandelten.

1 große Karotte
2 Knoblauchzehen
200 g rote Linsen
1 Würfel Hühnerbrühe
1 Prise Chilipulver
1 TL Salz
2 große, scharfe Würste (z. B. Chorizo)
2 Frühlingszwiebeln

Die Karotte schälen und längs vierteln, den Knoblauch schälen und in Scheiben schneiden. Linsen, Knoblauch, Karotte, Brühwürfel, Chili und 600 ml Wasser etwa 15 Minuten kochen, bis die Linsen gar sind. Salzen. Die Würste in Scheiben schneiden, in den Topf geben und aufkochen. Mit Frühlingszwiebeln bestreuen und servieren.

Dieses Rezept lässt sich mit verschiedenen Wurstsorten variieren oder um beispielsweise frische Tomaten und Paprika ergänzen. ◁

POLARTEC
HOUDINI

Tomatenreis mit Parmesan & Kernemix

Für 2 Personen

Je nach Verhältnis zwischen Tomaten und Flüssigkeit in den stückigen Tomaten müssen Sie gegebenenfalls 50 ml Wasser hinzufügen, damit der Reis nicht trocken wird.

½ Zwiebel
1 Knoblauchzehe
½ EL Olivenöl
200 g Reis
500 g stückige Tomaten aus der Dose
1 Hühnerbrühwürfel
Oregano
Salz und schwarzer Pfeffer
100 g geriebener Parmesan
1 Portion Kernemix (siehe Rezept unten)

Zwiebel und Knoblauch schälen, hacken, in etwas Öl andünsten und den Reis unterrühren. Tomaten, Brühwürfel und Oregano zugeben und 10 Minuten abgedeckt unter gelegentlichem Rühren köcheln lassen. Eventuell mit 50 ml Wasser verdünnen.

Mit Salz und Pfeffer abschmecken und mit Parmesan und einem tollen Kernemix servieren. ◁

Kernemix

Hierzu röste ich immer verschiedene Kerne mit etwas Salz. Sonnenblumen- und Kürbiskerne sind reich an Omega-3-Fettsäuren, Vitaminen und Mineralien, also supergesund und superlecker!

3 EL Kürbiskerne
3 EL Sonnenblumenkerne
2 EL Sesamsaat
1 TL Salz

Kerne und Salz in einer trockenen Pfanne rösten, bis sie Farbe angenommen haben. Auf einem Teller abkühlen lassen und dann erst in einen Frischhaltebeutel oder Kunststoffbehälter füllen (andernfalls schmilzt der Kunststoff). ◁

Nudeln mit Tofu, getrockneten Tomaten & Pistazien

Für 2 Personen

Tofu im Tetrapak ist ungekühlt lange haltbar und enthält reichlich Eiweiß. Ich habe hier Tofu naturell verwendet, ebenso gut kann man ihn aber auch in Zitronensaft, Olivenöl und Knoblauch marinieren. Kaufen Sie in Öl eingelegte getrocknete Tomaten, dessen Öl Sie auch als leckeres Dressing für die Nudeln verwenden können.

Vollkornnudeln
5 getrocknete Tomaten in Öl
40 g geschälte Pistazien
4 EL Tofu
Salz und schwarzer Pfeffer
Balsamicoessig (nach Belieben)

Die Nudeln nach Packungsanleitung bissfest kochen. Mit den Pistazien bestreuen und mit Tofu und Tomaten krönen. Nach Geschmack salzen und nach Belieben mit ein wenig Balsamico beträufeln. ▷

Rotes Thai-Curry mit Kokosmilch

Für 2 Personen

Für dieses Currygericht benötigen Sie thailändische rote Currypaste, die lecker nach Zitronengras und Koriander schmeckt. Erhältlich ist sie in Asialäden. Sojahack findet man in Reformhäusern, gut sortierten Supermärkten oder Bioläden. Es kann auch durch Hühnchen ersetzt werden.

120 g Sojahack (oder 200 g Hähnchenbrustfilet)
2 Karotten
1 große Pastinake
1 rote Paprika
150 g Zuckererbsen
1 Hühnerbrühwürfel
2 TL rote Currypaste
500 ml Kokosmilch
Salz

Das Sojahack 10–15 Minuten in kochend heißem Wasser einweichen. Karotten und Pastinaken schälen. Sämtliches Gemüse in Stücke schneiden (je kleiner, desto kürzer die Garzeit). Das Sojahack abgießen. 200 ml Wasser, Brühwürfel und Currypaste zum Kochen bringen. Karotten und Pastinaken zugeben und alles weich kochen.

Dann Paprika, Zuckererbsen und Kokosmilch zufügen, aufkochen und mit Salz abschmecken. Wenn Sie Hähnchenfleisch anstelle von Sojahack verwenden, geben Sie es in Stücken gleichzeitig mit Karotten und Pastinaken hinzu. ◁

Käse-Kartoffelpüree mit Pfifferlingen & getrocknetem Rinderfilet

Für 2 Personen

Kartoffelpüree aus der Tüte schmeckt fad, doch man kann es gut veredeln, wie in diesem Rezept mit Käse und Butter. Wenn Pfifferlinge gerade keine Saison haben, kann man auch Champignons oder Shiitake verwenden und diese mit Zwiebel oder Porree andünsten. Wer kein getrocknetes Rinderfilet bekommen kann, weicht auf luftgetrockneten Schinken aus.

70 g Kartoffelpüree aus der Tüte
75 g Parmesan
½ Zwiebel
200 g Pfifferlinge
2 EL Butter
Salz und schwarzer Pfeffer
175 g getrocknetes Rinderfilet

Wasser (Menge nach Packungsangabe) für das Püreepulver zum Kochen bringen und in einer Thermoskanne warm halten.

Den Käse in dünne Scheiben und anschließend in Stifte schneiden damit er im Püree sofort schmilzt. Die Zwiebel hacken, die Pilze putzen und große Exemplare zerkleinern. Pilze und Zwiebel in reichlich Butter braten. Der nussige Geschmack der Butter veredelt das Püree und auch die Pilze.

Das Püree anrühren, den Käse zugeben und umrühren. Die Hälfte der Pilze unterrühren und mit Salz und Pfeffer abschmecken. Auf Tassen verteilen, mit den restlichen Pilzen garnieren und mit dünnen Scheiben getrocknetem Rinderfilet servieren. ▷

Cäsarlinsen
Für 4 Personen

Das Dressing für den Cäsarsalat hat sich zu einem modernen Klassiker entwickelt. Es ist mit Sardellenfilets, Dijonsenf und Parmesan aromatisiert.

Traditionell wird es mit Romanasalat und Speck kombiniert. Ich mische es gern mit Linsen und serviere sie dann mit dünnen Kasslerscheiben, gebratenem Speck, geräuchertem Schinken oder Hühnchen. Man kann es schon zu Hause vorbereiten und dann in einem kleinen Fläschchen mit auf die Reise nehmen.

250 g Puy-Linsen oder grüne Linsen
Salz

Für das Dressing:
3 Sardellenfilets
1 Knoblauchzehe
1 EL Dijonsenf
1 EL Weißweinessig
1 Eigelb
150 ml Öl
50 g geriebener Parmesan

Die Linsen 10–15 Minuten in 600 ml Wasser garen. Gegen Ende der Garzeit salzen. Abgießen und abkühlen lassen. Sardellen und Knoblauch fein hacken. Senf, Essig und Eigelb verquirlen, dann unter kräftigem Rühren tröpfchenweise das Öl zufügen. Wer seine Armkraft schonen möchte, sollte hierzu ein Handrührgerät verwenden.

Sobald das Dressing stockt, Sardellen und Knoblauch unterrühren. Wenn das gesamte Öl eingearbeitet ist, den Käse untermengen. Eventuell mit Salz abschmecken. Linsen und Dressing mischen und mit einem Salat nach Wahl und dünnen Kasslerscheiben servieren. ◁

Salat mit großen weißen Bohnen & Avocado
Für 2 Personen

Dieser Klassiker passt einfach zu allem: Gegrilltem, Gebratenem, Gekochtem, Mildem und Scharfem. Lecker als Mittagessen, im Picknickkorb, beim Skifahren oder beim Segeln.

Ich kaufe zu Hause immer eine große Packung getrocknete große weiße Bohnen, weiche sie ein und koche sie mit etwas Brühe. Dann friere ich sie portionsweise ein.

250 g Cocktailtomaten
10-cm-Stück Salatgurke
1 Avocado
½ rote Zwiebel
250 g große weiße Bohnenkerne,
  gekocht oder aus der Dose
2 EL Olivenöl
1 EL Balsamicoessig
Salz und schwarzer Pfeffer

Die Tomaten halbieren, Gurke und Avocado in Stücke schneiden, die Zwiebel hacken. (Bohnen aus der Dose immer gründlich abspülen.)

Öl, Essig, Salz und schwarzen Pfeffer in einer kleinen Tasse verquirlen. Das Gemüse in einem Topf mischen und mit dem Dressing übergießen. Mit in Scheiben geschnittenem Kassler oder Putenbrust servieren. ▷

Ich bin schon überall Rad gefahren und liebe es, mich per Pedale fortzubewegen. Es geht schnell und ich kann alles, was mich umgibt, sehen und spüren.

Für den Sommer 2004 hatte ich mir vorgenommen, von Tallinn nach Riga zu radeln. Das Baltikum interessierte mich, da es noch so ursprünglich wirkt. Nach außen scheint alles betonhart und grau, innerlich ist es aber mit weißer Spitze verziert. Das Essen ist bäuerlich-herzhaft mit scharfen Würsten, Käse und Buchweizen.

Ich radelte dort durch Orte, die vollkommen verlassen waren. Schulen, Geschäfte und Häuser standen leer, und aus den Kirchen wuchsen Bäume. Käse und Würste kaufte ich in kleinen Lädchen, und entlang des Weges standen alte Frauen und Kinder, die wilde Erdbeeren in Plastikbechern und Gemüse aus ihren kleinen Gärten verkauften. Alles schmeckte wunderbar, sehr aromatisch und war immer kurz zuvor frisch geerntet.

Meine schönste Reiseerinnerung ist eine rundlich alte Frau im geblümten Kleid mit Schürze und Kopftuch, die ihren Acker am Wegesrand bearbeitete und Unkraut jätete. Ich hatte meinen Kocher in der Nähe aufgebaut und war gerade dabei, mein Mittagessen zuzubereiten, als die Frau plötzlich winkte und nach mir rief.

Mit Worten konnten wir zwar nicht kommunizieren, wir verstanden einander aber dennoch. Ich durfte direkt aus ihren Beeten kleine Kartoffeln, Zwiebeln, Karotten, Dill und Erdbeeren ernten! Das veränderte mein Mittagessen, meine Reise und meinen Eindruck der baltischen Dörfer und der Bevölkerung schlagartig – das Wort Großzügigkeit bekam eine ganz neue Bedeutung.

Stockbrot mit Knoblauch & Rosmarin

Für 2 Personen

Stockbrot zu grillen ist eine wunderbare Abendbeschäftigung, an die man sich garantiert noch lange erinnert. Es ist fast meditativ, mit einem Stock und einem Teigklumpen am Feuer zu sitzen und dabei zuzusehen, wie der Teig in der Hitze aufgeht und sich in ein leckeres Stück Brot verwandelt. Tunken Sie das heiße Brot in Olivenöl und servieren Sie es mit Oliven und dünnen Salamischeiben als Tapas oder zu einer heißen Suppe.

200 g Weizenmehl
1 TL Backpulver
½ TL Salz
1 Prise getrockneter Rosmarin
1 Knoblauchzehe, zerdrückt
Olivenöl zum Servieren

Zu Hause schon Mehl, Backpulver, Salz und Rosmarin mit zerdrücktem Knoblauch in einer Tüte mischen. Zuknoten und die Tüte beschriften, damit man im Gepäck schnell die richtige Mehlmischung findet.

Wenn das Lagerfeuer angefacht ist, gießen Sie 100 ml Wasser in die Tüte mit der Mehlmischung und kneten Sie, bis ein glatter Teig entsteht. Den Teig aus der Tüte nehmen und an mehreren Stöcken festdrücken. Dann über der Glut grillen, bis der Teig sich vom Stock löst und knusprig goldbraun geworden ist. ◁

Scones

Ergibt 6 kleine Scones

So einfach und doch so lecker. Mit einer großen Tasse Tee, Konfitüre, Frischkäse oder Nuss-Nugat-Creme servieren. Danke England!

300 g Weizenmehl
½ TL Salz
1 TL Zucker
2 TL Backpulver
2 EL Milchpulver
50 g Butter

Alle trockenen Zutaten zu Hause in einem Plastikbeutel mischen. Auf der Reise 175 ml Wasser und Butter zugeben. Im Beutel zu einem festen Teig verkneten. Den Teig löffelweise in eine beschichtete Pfanne geben und bei geringer Hitze abgedeckt backen.

Die Scones einmal wenden, sobald sie aufgegangen und an der Unterseite goldbraun geworden sind. Kleinere, flachere Scones werden schneller gar. ▷

Brownies mit Nuss-Nugat-Creme-Haube

Für 4 Personen

Für die Schokoladenfans unter uns. Als Nüsse eignen sich Walnüsse, Haselnüsse, Mandeln oder Pinienkerne. Ganz nach Geschmack.

70 g gehackte Nüsse
75 g Weizenmehl
2 EL ungesüßtes Kakaopulver
2 EL Zucker
1 EL Milchpulver
1 TL Backpulver
20 g Butter oder Margarine
4 EL Nuss-Nugat-Creme

Alle trockenen Zutaten in einem reißfesten Plastikbeutel mischen und die Butter untermengen. Dann nach und nach 2½ Esslöffel Wasser zugeben und im Beutel unterkneten. Vorsicht, durch die Nüsse entstehen leicht Löcher im Beutel. Den Teig löffelweise in eine beschichtete Pfanne geben und bei geringer Hitze abgedeckt backen.

Wenden, wenn die Brownies aufgegangen sind und Farbe bekommen haben. Weiterbacken, bis eine feste Konsistenz erreicht ist. Mit der Nuss-Nugat-Creme oder einem Löffel Schlagsahne servieren. ◁

Frühstücksbrötchen

Ergibt 6 Brötchen

Warme, frisch gebackene Brötchen vergolden jeden feucht-kühlen Morgen! Morgens zu backen, erfüllt mich immer mit einer gewissen Ruhe. Wenn ich im Sommer auf einer Segel- oder Kajaktour bin, bereite ich den Teig immer vor und lasse ihn dann ruhen, während ich ein paar Runden schwimme. Dann komme ich leicht ausgekühlt zurück und backe die Brötchen. Sie schmecken wunderbar mit gewürzter Butter und geräuchertem Schinken.

225 g Weizenmehl
150 g Brotbackmischung Landbrot
2 EL Leinsamen
2 EL Sonnenblumenkerne
2 TL Backpulver
1 TL Salz
3 TL Brotgewürz

Alle trockenen Zutaten zu Hause in einem Beutel mischen. (Das Brotgewürz kann auch durch 2 Teelöffel Fenchelsamen oder 2 Teelöffel Kreuzkümmelsamen ersetzt werden. Anstelle von Sonnenblumenkernen kann man Walnüsse oder Haselnüsse verwenden.)

150 ml Wasser zugeben und im Beutel zu einem festen Teig verkneten. Den Teig mit einem Löffel in eine beschichtete Pfanne geben und bei geringer Hitze abgedeckt backen. Die Brötchen einmal wenden, sobald sie aufgegangen und an der Unterseite goldbraun geworden sind. Mit kleineren, flacheren Brötchen geht das schneller. Rechnen Sie mit etwa 5 Minuten pro Seite. ▷

Dunkles Landbrot

Ergibt 1 Brot

Dieses leckere Brot bleibt lange saftig, ist aromatisch (Kreuzkümmel) und lässt sich schnell zubereiten, da es ohne Hefe gebacken wird.

Ich gebe immer Flohsamen und Leinsamen mit in den Teig, um den glykämischen Index zu senken. Die Samen bilden eine Hülle, die der Körper nur langsam aufspalten kann. Dadurch hat man ein längeres Sättigungsgefühl. Hier habe ich Sojamilch eingesetzt. Man kann die Sojamilch auch durch Schwedenmilch ersetzen.

300 ml Sojamilch
25 g Weizenkleie (oder schwedische Kruskakli)
25 g Haferkleie
40 g Sonnenblumenkerne
70 g dunkler Zuckerrübensirup
1 TL Salz
1 EL Kreuzkümmelsamen
2 EL Honig
1 EL Flohsamen
1 EL Leinsamen
150 g Weizenmehl
225 g Brotbackmischung Landbrot
2 TL Natron
Kürbiskerne zum Garnieren (wie auf dem Bild)

Noch zu Hause den Backofen auf 175 °C vorheizen. Sojamilch, Weizenkleie, Haferkleie, Sonnenblumenkerne, Zuckerrübensirup, Salz, Kreuzkümmel, Honig, Floh- und Leinsamen in einer Schüssel mischen, mit Frischhaltefolie abdecken und 10–15 Minuten an einem kühlen Ort ruhen lassen.

Weizenmehl, Landbrotmischung und Natron zugeben und unterrühren. Den Teig so lange kneten, bis er ganz fest geworden ist, dann in eine gut eingefettete Kastenform (1 ½ l Inhalt) füllen. (Alternativ nicht einfetten und mit Backpapier auslegen.)

In der Mitte des Ofens 45–50 Minuten backen. Aus der Form lösen und auf einem Kuchengitter oder in ein Küchenhandtuch eingewickelt auf dem Weg ins Abenteuer abkühlen lassen. ◁

Kardamom-Rosinen-Brötchen

Für 4 Personen

Es ist wichtig, regelmäßig und häufig zu essen. Nach ein paar Stunden Bewegung sollte man rasten, eine Tasse Tee trinken und frisch gebackene warme Kardamom-Rosinen-Brötchen essen.

150 g Weizenmehl
1 TL Backpulver
2 EL Zucker
½ TL gemahlener Kardamom
3 EL Rosinen

Alle Zutaten in einem reißfesten Plastikbeutel mischen. Unterwegs nach und nach 4 Esslöffel Wasser in den Beutel geben und unterkneten. Zu vier Brötchen formen und in eine heiße, beschichtete Pfanne geben.

Bei wenig Hitze etwa 5–8 Minuten auf jeder Seite backen. Die Brötchen sind fertig, wenn sie sich fest anfühlen und goldbraun geworden sind. Mit einer Tasse Rooibos-Tee genießen. ▷

GAS PRIMUS

Pfannkuchen mit Früchten & Honig

Für 2 Personen

Pfannkuchen kann man zum Frühstück, als Zwischenmahlzeit oder als Dessert essen. Besonders Kinder lieben sie!

Am besten mischt man die trockenen Zutaten schon zu Hause in einem Beutel und schreibt darauf, wie viel Wasser noch hinzugefügt werden muss.

Wenn Sie nur kurz unterwegs sind, können Sie den Teig auch schon komplett zu Hause anrühren und in einer Plastikflasche mit auf Reisen nehmen. Das tut dem Teig sogar gut, da sich der Kleber im Mehl so entwickeln kann.

150 g Weizenmehl
1 Prise Salz
1 TL Vanillezucker
1 Ei
200 ml Milch (oder 3 EL Milchpulver und 200 ml Wasser)
Butter zum Braten
Banane, Apfel, Kiwi und Birne oder Beeren der Saison
Honig

Die trockenen Zutaten zu Hause in einem Beutel mischen. In einen Topf oder eine Schüssel füllen und mit Ei und Milch verrühren. In einer heißen Pfanne in Butter ausbacken. Mit Fruchtsalat und Honig servieren. ◁

Studentenfutter

Für 1 Person

Natürlich kann man auch einfach die normalen Zutaten für Studentenfutter mischen. Meine Luxusversion ist aber auf jeden Fall einen Versuch wert. Diese Mischung ist ausreichend für mindestens zwei Wandertage.

50 g Zartbitterschokolade mit 70 % Kakaoanteil
30 g normale oder grüne Rosinen
5 getrocknete Erdbeeren
5 getrocknete Kiwischeiben
5 kleine getrocknete Feigen
40 g Cashewkerne
2 EL Hanfsamen

Die Schokolade in Stücke brechen und Trockenfrüchte und Nüsse in mundgerechte Stücke schneiden. Mit den Hanfsamen in einen Beutel füllen und immer griffbereit halten! ◁

Vanillereis mit Apfel
Für 4 Personen

Als Dessert oder als Zwischenmahlzeit servieren. Den Vanillereis kann man gut schon zu Hause vorbereiten. Durch den Zucker hält er sich in einem dicht schließenden Behälter ein paar Tage.

Den Reis zum Servieren mit ein wenig Wasser aufwärmen.

1 Vanillestange
40 g brauner Zucker
80 g Milchreis
1 süßer roter Apfel, in dünnen Scheiben

Die Vanillestange längs aufschneiden und das Mark mit einem Messer herauskratzen. Stange und Mark in einen Topf geben. Zucker, Reis und 700 ml Wasser zugeben und bei geringer Hitze abgedeckt 10 Minuten köcheln. Dann 40 Minuten an einem warmen Ort ausquellen lassen.

Sie können den Topf in eine Zeitung oder Ähnliches einwickeln, um ihn zu isolieren, oder auf den Deckel eines Topfes stellen, der gerade auf dem Kocher steht.

Den Reis mit knackigen Apfelscheiben, Himbeeren oder Konfitüre servieren. ◁

Schoko-Koko
Für 4 Personen

Ich habe einmal einen Sommer lang auf einem großen Segelschiff gearbeitet. An Bord ging es chaotisch zu, dennoch erfand ich dort dieses Dessert. Das Problem dort war, dass sich zwei Köche den Dienst teilen sollten. Die Köche, das waren Berra, der es sich gern leicht machte und mit Fertigprodukten arbeitete, und ich, Fräulein Megaehrgeizig, die alles von Grund auf selbst machen musste. Als ich an Bord kam, half ich den Matrosen abzulegen und fing dann an, nach der Zartbitterschokolade für die abendliche Schokoladenmousse zu suchen. Sie war aber nicht zu finden. Sahne ebenfalls nicht. Berra und ich hatten also unterschiedliche Herangehensweisen. Mir stieg die Röte ins Gesicht. Musste ich den Gästen etwa Fertigmousse servieren?

Erstaunlicherweise wurde mein Dessert aus veredeltem Pulver so lecker, dass ich es Ihnen nicht vorenthalten möchte. Einfach, aber gut. Man lernt doch immer wieder etwas dazu.

1 Beutel Schokoladencreme ohne Kochen
300 ml Kokosmilch
3 cl brauner Rum, optional
2 kleine Schoko-Kokos-Riegel

Das Cremepulver mit Kokosmilch und Rum aufschlagen, bis die Masse beginnt anzudicken (Gutes Training für die Arme!). In Tassen gießen und etwa 1 Stunde an einem kühlen Ort fest werden lassen. Mit in Stücke geschnittenem Schoko-Kokos-Riegel servieren. ▷

Passionsfruchtcreme mit weißer Schokolade

Für 4 Personen

Bei diesem Rezept haben Sie freie Wahl und können beim Fruchtgeschmack nach Belieben variieren. Falls also keine Passionsfruchtcreme ohne Kochen erhältlich ist, weichen Sie einfach auf Pfirsich oder Zitrone aus.

50 g weiße Schokolade
1 Beutel Fruchtcreme ohne Kochen
frische Erdbeeren

Die Schokolade mit einem Messer fein hobeln. Das Cremepulver mit der auf dem Beutel angegebenen Menge Wasser oder Milch aufschlagen, bis sie andickt. Dann die Schokolade unterrühren. In Tassen gießen und etwa 1 Stunde an einem kühlen Ort fest werden lassen. Mit frischen Erdbeeren, wilden Erdbeeren, Himbeeren oder anderen Beeren servieren, die gerade reif sind. ◁

Orangenreis mit heißer Schokoladensauce

Für 2 Personen

In Skandinavien gibt es den sogenannten Minutris (Minutenreis), mit dem man Milchreis innerhalb von 3 Minuten zubereiten kann. Eine ähnliche Variante gibt es auch in Deutschland, hier braucht man allerdings 5 Minuten (Minuten-Milchreis). Wer möchte, kann den Milchreis mit Sahne noch cremiger machen oder zusätzlich ein wenig Studentenfutter (siehe Seite 131) unterrühren.

½ l Milch (oder 2½ EL Milchpulver und ½ l Wasser)
2 TL Zucker
125 g Instant-Milchreis
1 Orange
100 g Sahne (nach Belieben)

Für die Schokoladensauce:
40 g Zucker
40 g ungesüßtes Kakaopulver

Milch und Zucker aufkochen, den Reis in die Milch einrühren und bei mittlerer Hitze 5 Minuten köcheln lassen. Dabei häufig umrühren. Vom Feuer nehmen und abgedeckt etwa 10 Minuten ausquellen lassen. Währenddessen die Orange schälen und in Spalten schneiden. Unter den Milchreis rühren (nach Belieben noch 100 g Sahne zugeben). So wird die Konsistenz etwas lockerer und der Geschmack voller.

Zucker und Kakao mit 50 ml Wasser aufkochen und heiß zum Orangenreis servieren. ◁

Zimtäpfel mit Cantuccini

Für 2 Personen

Auf einer Kajaktour durch den Stockholmer Schärengarten gelangten wir einmal zu einem abgelegenen Bauernhof. Mit klopfendem Herzen stibitzten wir ein paar der knallroten Äpfel, die uns so verführerisch angelächelt hatten.

Mit kalten Händen schälte ich sie anschließend mit einem kleinen Messer. Zimt und Zucker habe ich immer dabei, daher wurde dieses Dessert zu einem großen Erfolg. Inzwischen gehört es zu meinem festen Repertoire. Natürlich kann man die Äpfel auch kaufen, aber geklaute schmecken irgendwie besser.

2 süße rote Äpfel
3 EL brauner Zucker
1 Zimtstange
10 Cantuccini (Biscotti di Prato)
150 ml Vanillesauce, Fertigprodukt (nach Belieben)

Die Äpfel schälen, entkernen und in Spalten schneiden. In einem Topf mit etwa 200 ml Wasser bedecken. Dann mit Zucker und Zimtstange köcheln, bis die Äpfel weich, aber nicht zerkocht sind.

Die Spalten in eine Tasse geben und mit zerbröckelten Cantuccini und nach Belieben mit der Vanillesauce servieren. ▷

Erdnussriegel

Ergibt 5 Stück

Wenn Sie Erdnüsse mögen, müssen Sie diese Riegel einfach lieben: Erdnüsse, Kokos, Zartbitterschokolade und Karamell. Eine fabelhafte Energiespritze, wenn die Muskeln müde sind und die Mundwinkel herunterhängen.

40 g Zucker
140 ml heller Zuckerrübensirup
200 g Erdnussbutter
150 g Cornflakes
25 g Kokosraspel
100 g Erdnüsse
40 g EL Hanf- oder Leinsamen
50 g Zartbitterschokolade

Zucker, Sirup und Erdnussbutter unter Rühren in einem Topf schmelzen.

Cornflakes, Kokosraspel, Nüsse und Samen in einer Schüssel mischen und mit der heißen Masse übergießen. Umrühren und auf einem Stück Backpapier in Form eines Rechtecks (10 cm x 25 cm Seitenlänge) verstreichen. Ein zweites Stück Backpapier darüberlegen und die Masse gleichmäßig flach drücken, bis sie 1 cm dick ist. Abkühlen lassen.

Die Schokolade über einem Wasserbad schmelzen und die Masse damit bestreichen. In 5 Riegel schneiden, solange die Schokolade noch weich ist. Wenn die Schokolade hart ist, die Riegel in kleine Stücke Butterbrot- oder Backpapier einschlagen und kühl lagern. ▷

Energieriegel

Ergibt 15 Stück

Diese fantastischen Energiespender habe ich an Elitesoldaten getestet, die sie für gut befunden haben. Auch die härtesten Mannsbilder wurden dabei ganz weich und liebevoll. Bei Outdoor-Aktivitäten ist es wichtig, den Blutzuckerspiegel im Gleichgewicht zu halten, denn bei starker Anstrengung geht der Blutzucker rasch in den Keller. Dann sind diese Energieriegel perfekt. Sie lassen sich auch gut einfrieren.

50 g Cashewkerne
50 g Haselnüsse
25 g Kürbiskerne
25 g Sonnenblumenkerne
100 g getrocknete Aprikosen
250 g Butter
6 EL heller Zuckerrübensirup
250 g brauner Zucker
40 g Leinsamen
50 g Rosinen
280 g kernige Haferflocken
120 g Dinkelflocken
80 g Zartbitterschokolade

Den Backofen auf 175 °C vorheizen. Nüsse und Kerne in einer trockenen Pfanne rösten, bis sie ein wenig Farbe angenommen haben. Die Aprikosen in kleine Stücke schneiden. Butter, Sirup und Zucker in einem Topf schmelzen, bis eine dicke Masse entsteht.

Alle weiteren Zutaten bis auf die Schokolade unter die Masse rühren und auf einem mit Backpapier ausgelegtem Backblech verteilen. 20 Minuten in der Mitte des vorgeheizten Ofens backen. Die Schokolade schmelzen (am besten in der Mikrowelle) und auf der Mischung verstreichen. In Riegel schneiden, solange die Schokolade noch weich ist.

Abkühlen lassen und in Butterbrotpapier wickeln.

Was macht das Outdoor-Leben eigentlich so attraktiv? Was ist es, das so anzieht und von dem ich nie genug bekommen kann? Es ist fast wie eine Droge – hat man es einmal probiert, kann man nicht mehr aufhören. Es macht einfach süchtig.

Natürlich gibt es Situationen, in denen ich mir sage: „Niemals wieder!" Zum Beispiel, wenn ich seekrank bin, wenn ich riesige, schmerzhafte Blasen an den Fersen habe oder wenn ich und mein Rucksack triefnass vom Regen sind. Doch genauso wie bei einer Droge sind die Nebenwirkungen schnell vergessen, und ich will wieder los!

Aber was ist es nun, das das Outdoor-Leben so besonders macht?

Es hat auf jeden Fall damit zu tun, dass man sich aus eigener Kraft langsam fortbewegt und so jeden Eindruck bewusst in sich aufnehmen kann. Es gibt so viel Schönes, Bewunderswertes um mich herum. Im Alltag nehme ich davon nur einen Bruchteil wahr, denn das Leben dreht sich schneller als je zuvor und man leidet an Reizüberflutung.

Nur wenn ich mich der Natur hingebe und mich langsam fortbewege, nehme ich alle Eindrücke wirklich in mich auf, nehme ich bewusst wahr. Und dann bin ich erfüllt von all der Schönheit, die mich umgibt. Beim Outdoor-Leben geht es um die elementaren Dinge im Leben: essen, neue Orte entdecken und tolle Erlebnisse haben.

Getränke

Frühstück

Hauptgerichte

Backen

Süße Sachen